예배는 특정한 시간과 공간 속에서 이루어진다. 다시 말해 시간과 공간의 신학적 토대 위에서 세워지고 그것이 가지는 의미와 상징을 통해서 풍요로워진다. 얼마 전부터 예배의 시간(time)에 대한 연구와 논의가 활발하게 이뤄지고 예배 현장에서 적용되고 있다는 점은 고무적이지만 안타깝게도 예배 공간(space)에 대한 예배신학적 고려는 실용주의 정신과 교회성장운동의 영향에 함몰되어왔던 것이 사실이다. '거룩한 자리'로서의 예배 공간에 대한 신학을 상실한 채 예배당을 일종의 공연장과 집회의 자리로 바꾸어버린 것을 빈번하게 발견할 수 있으며, 예배 공간이 가지는 상징과 신학적 의미에 대한 최소한의 고려조차 없는 자리에서 예배가 이루어지는 경우가 대부분이다. 미국의 대표적인 개신교 예배학자 두 사람이 심혈을 기울여 집필한 이 책은 예배신학적 차원과 건축학적 관점에서 예배 공간에 대한 필수적인 이해와 지침을 제시해준다. 예배 사역을 감당하는 목회자와 예배의 자리로 나아가는 모든 예배자들이 한 번은 반드시 읽어야 할 책이다.

_김운용 장로회신학대학교 예배·설교학 교수

교회 건축이나 그 내부 구조, 그리고 가구 배열은 단지 실용적 목적 이상의, 예배 활동 및 신앙 형성의 중요한 상징적 요소들이다. 그동안 이런 사실이 종종 간과되어온 한국교회의 교회건축 상황에 아쉬움이 많았는데 이번에 제임스 화이트와 수잔 화이트의 수작인『교회건축과 예배 공간』이 각각 교회 건축가, 예배학자로 명망이 높은 정시춘 교수와 안덕원 교수에 의해 직접 번역, 소개되어 매우 기쁘다. 교회 건축의 예배학적 중요성을 일깨우고 그 실제 지침을 상세히 제시해주는 이 책을 신학도와 목회자 모두의 필독서로 적극 추천한다.

_김순환 서울신학대학교 예배학 교수

이 책의 저자는 교회 내 다양한 물리적 공간은 회중의 공동적 예배 행위를 돕고 격려하는 데 그 목적이 있다고 말한다. 그래서 그러한 공간은 예배 행위를 통해 한 역사적 신앙 공동체의 독특한 영성을 빚어내는 매우 중요한 신학적 언어가 된다. 예배 공간의 아름다움은 공간이 예배에 대해 갖는 합목적성에 있음을 잘 보여주는 이 책은, 20세기 예배갱신운동을 배경으로 예배 공간 평가에 예배학적 **기능주의적** 에큐메니칼적 관점을 도입한 통찰력 넘치는 작품이다.

_나형석 협성대학교 예배학 교수, 한국실천신학회 회장

그동안 교회건축을 다룬 많은 저서들은 교회건축을 미학적 측면이나 역사적 관점에서만 다루는 아쉬움이 있었다. 예배학자로서 제임스 화이트는 예배가 교회의 존재 이유라고 분명히 말하면서 예배와 관련하여 교회건축을 이해하고 있다. 이 책은 단지 건물의 기능적 측면을 넘어서 그 공간 안에서 살아 숨 쉬며 예배드리는 공동체와 그 예배 받으시는 분의 역동적 관계를 고려했다는 점에서 매우 탁월하다. 한국 개신교의 예배 변화를 위해 반드시 읽어야 할 책이다.

_박종환 실천신학대학원대학교 예배학 교수

정시춘 교수와 안덕원 교수가 번역하여 소개하는 『교회건축과 예배 공간』은 한국 개신교회의 예배 공간에 대한 포괄적 이해의 지평을 넓혀줄 좋은 교과서다. 한국 개신교 예배 공간의 획일화된 모습에서 탈피하여 다양한 예배 공간을 그려보기를 원하는 예배 공동체에게 올바른 혜안을 제시할 것이다. 예배 공간(frame)은 예배의 내용(contents)을 형성하는 데 매우 큰 영향을 끼칠 수밖에 없기에, 올바른 예배 공간에 대한 이해를 건실하게 돕는 이 책은 이 시대 예배를 인도하는 모든 이들을 위한 필독서다.

_박해정 감리교신학대학교 예배학 교수

드디어 한국어로 출간되는 『교회건축과 예배 공간』은 교회건축과 예배학의 관계성을 신학적으로 풀이한 책으로 모든 신학생들과 목회자들, 그리고 예배학을 전공하는 학자들뿐만 아니라 교회를 설계하려는 건축가들이 정독해야 할 책이다.

−이정구 성공회대학교 총장, 교회건축과 예술 교수

교회당을 지은 다음에, 찾아오는 이들마다 "몇 평이지요? 몇 명이나 들어가요? 얼마나 들었나요?" 하는 질문을 했던 일이 생각난다. 그동안의 관심은 큰 교회였고, 큰 교회가 좋은 교회였다. 근래에 다른 바람이 일기 시작했다. 예배하는 교회, 참뜻을 찾는 교회, 생각이 있는 교회에 대한 목마름이다. 그리고 그런 교회를 담는 그릇이 필요했다. 그러한 지침을 발견하기 어려워 아쉬웠는데, 참으로 적절한 때에 참으로 좋은 길잡이를 만나게 되어 반갑다.

_임종수 큰나무교회 원로목사, 교회건축문화연구회 회장

Church Architecture

Building and Renovating for Christian Worship

James F. White & Susan J. White

교회건축과 예배 공간

◆ 신학과 건축의 만남

제임스 화이트·수잔 화이트 지음 ∣ 정시춘·안덕원 옮김

Holy
WavePlus

토드와 마틴을 위하여

차례

서문

두 교회의 상황을 생각해봅시다. 우선 미시시피 주의 작은 마을에 있는, 1920년대에 건축된 교회입니다. 마을이 그리 성장하지 않은 탓에 교회 건물은 적당한 크기로 회중이 사용하기에 큰 불편이 없습니다. 문제는 교회가 건축된 이래로 예배 스타일에 현격한 변화가 계속 일어났다는 점입니다. 그래서 그 교회 구성원들이 지금 중요하게 생각하고 원하는 지점들을 생각할 때, 건물의 많은 부분이 적절하지 않습니다. 현재 그들의 예배에서 필수적인 변화들을 따라잡기 위해 그 교회 건물의 어떤 부분을 바꿔야 할까요?

두 번째 교회는 인디애나 주의 교외에 있습니다. 이 회중은 수년간 고등학교 강당을 빌려서 사용하다가 이제 자신들만의 교회를 건축할 준비가 되었습니다. 건축기금을 모았고 건축할 부지도 구입했으며 건축에 대한 열정은 뜨겁기 그지없습니다. 그런데 이 새로운 교회 건물이 예배 공동체로서 그들의 필요에, 즉 고유한 개성을 지닌 공동체인 그들의 필요에 잘 부합할지 어떻게 알 수 있을까요? 그들의 기대를 제한하는 단순한 임기응변식 해결책이 아닌, 그들의 경험이 담겨 있는 예배를 위한 건물일지를 어떻게 알 수 있을까요?

교회건축에 대한 책들이 많이 출판되었습니다. 몇몇은 사진들이 잘 곁들여 있어서, 멋진 커피테이블에 비치해둘 만합니다. 또한 몇몇은 일정한 시기나 지역에 대한 학문적 연구를 담고 있습니다. 그러나 실제 회중의 기독교 예배를 위한 환경으로서 실제적 이용이라는 맥락에서 교회의 건축을 다루는 책은 매우 드뭅니다. 사실 몇몇 책에서는 교회 건물이 그저 존경 혹은 감상의 대상이거나 연구를 위해 살펴보기 위한 것이라고 소개합니다. 이 책은 그런 종류의 책이 아닙니다. 그보다는 사용설명서, 곧 실제로 이용하는 사람들을 위한 작동안내서 또는 소비자가이드라고 할 수 있습니다.

우리는 기독교 공동체가 드리는 예배가 교회 건물이 존재해야 하는 유일한 이유라고 생각합니다. 따라서 예배학자로서 우리 두 명은 그 건물을 짓는 회중의 필요를 충족시키기 위해 건물이 존재한다는 관점에서 이 책을 썼습니다. 교회 건물은 그 자체로 목적이 아닙니다. 예수 그리스도 안에 나타나신 하나님을 예배하는 바로 그 목적을 이루기 위한 수단입니다. 교회 건물의 모든 것은 기독교 예배가 드려지는 장소로서 그 기능에 의해 모양을 갖추는 것입니다.

우리의 방법론은 예배부터 시작해서 회중이 함께 모여서 하는 행동들을 살펴보는 것입니다. 그리고 나서 적절한 공간이 어떻게 그들의 활동들을 도와주고 또 부적절한 공간이 어떻게 그런 활동들을 방해하는지 보여줄 것입니다. 우리의 목적은 회중이 예배 공동체로서 함께하는 그들의 삶을 되돌아보도록 격려하고, 그러한 점검을 출발점으로 삼게 하려는 것입니다. 그로써 그 회중은 소유하고 있거나 계획하고 있는 교회 건물이 예배를 돕는 데 잘 사용되게끔 준비할 수 있을 것입니다. 예배가 무엇보다도 중요합니다. 교회건축은 그 자체로 기념비적 존재가 아니라, 회중이 드리는 예배를 돕기 위한 것입니다. 우리가 예배로부터 시작하지 않거나 예배에 대한 질문을 계속하지 않는다면 건물은 우리의 손을 떠나게 되고 건물이 마땅히 섬겨야 할 대상인 공동체와 전혀 어울리지 않게 됩니다.

기독교 예배는 변화하고 있으며, 따라서 교회건축도 당연히 변해야 합니다. 1950년대에 전후戰後 건축 붐이 일었을 당시 지었던 크고 값비싼 건물들은 이제 회중의 목에 걸린 맷돌들(과 같이 무거운 부담)입니다. 당시 사람들은 그들이 드렸던 예배가 전혀 달라지지 않을 것이라는 암묵적인 확신 가운데 교회를 건축했습니다. 어느 누구도 배너들이나 커다란 세례반, 혹은 이동 가능한 회중석의 배열에 대해서는 생각하지 않았고, 그러한 고려 없이 짓는 것을 당연하게 여기고 건축했습니다. 좀더 일반적이고 수수한 건축의 경우, 곧 여타 인간의 활동과 마찬가지로 기독교 예배가 변할 수 있고 실제로 변하고 있음을 인정한 경우는 우리를 보다 효과적으로 섬겨주었습니다.

오늘날 우리는 건축에 있어서 좀더 겸손해졌습니다. 그 이유는 지난 20여 년 동안 미국 전역의 개신교와 가톨릭의 예배가 급속도로 변화해왔음을 보았기 때문입니다. 제2차 바티칸 공의회 이후 로마 가톨릭 교회의 예배는 가장 드라마틱하게 변했으며, 주류 개신교 교단에서도 매우 의미 있는 변화가 일어났습니다. 루터교, 성공회, 감리교, 장로교, 그 외의 다른 교단의 새로운 예배서들은 단지 겉으로 드러난 증거들입니다. 설교와 교회력, 성례전, 정의와 예배의 문제 등에 대한 오늘날의 관심으로 인해 수많은 회중의 예배가 현저하게 변화했습니다.

이러한 크고 작은 변화들로 인해 1970년 이전에 지어진 모든 교회 건물들, 그리고 그 이후에 지어진 많은 교회들이 부분적으로 구식이 되었습니다. 오래된 수많은 건물들에 리모델링

renovation, 개축이 필요하게 된 것입니다. 몇몇 건물의 경우에는 약간의 변화를 주는 것으로 충분하지만 어떤 건물의 경우에는 엄청난 개조가 필요합니다.

급격하게 변화하는 세상에서 연구가 필요한 많은 영역들처럼, 교회건축은 그 자체로 급격한 변화를 경험하고 있습니다. 우리가 이 책을 개정하는 동안에도, 초대형교회mega-churches와 여러 개의 건물을 짓는 캠퍼스 플랜, 전자 미디어 기기의 사용과 같은 최근의 경향, 새로운 건축자재들, 심지어 인터넷과 사이버교회들의 영향력이 증대하고 있습니다. 이러한 불안정한 건축 환경에서, 예언자가 되기는 참 어려운 일입니다. 우리는 이러한 경향들(예를 들면 전자악기와 비디오의 사용이 늘어나는)이 교회 설계에 있어서 고려해야 할 사항임을 알려주기 위해 노력했습니다. 그러나 한편으로 우리가 여기서 다루기 불가능한, 특정한 회중에게 적용 가능한 많은 사항이 있을 것입니다.

최근의 많은 변화들로 인해 개신교와 로마 가톨릭의 예배는 서로 가까워지게 되었습니다. 이는 서구의 그리스도인들 대부분에게 해당되는 이야기입니다. 어떤 교단에 특별한 의미가 있는 몇몇 사항이 있다는 것을 주목해야 합니다만, 우리의 예배의 형태들이 합쳐지고 비슷해졌고, 그것은 건축의 환경에 있어서도 마찬가지입니다. 이렇게 기독교 예배에 나타난 연합 혹은 일치 unity로 말미암아 교회의 시설들을 교단을 넘어 더 많이 공유할 수 있게 되었습니다.

많은 것들이 빠르게 변하고 있고 교회건축도 그런 분위기에 편승하지만, 대체적으로 볼 때, 교회들이 과거에 따라왔던 동일한 디자인의 궤도를 교회건축이 따르고 있다는 점을 우리는 또한 확신합니다. 그 이유는 (교회 건물 자체가 그 자리이자 표현인) 기독교 예배와 신학의 기본적인 요소들이 비교적 안정적으로 남아 있기 때문입니다. 젊은 세대와 비그리스도인들, 교회에 다니지만 행복해하지 않는 이들에게 좀더 다가가고 그들을 수용하기 위해 예배의 형태를 상당히 많이 바꾼 교회들조차도 기독교 예배의 전통적인 리듬 안으로 새로운 개종자들을 끌어들이기를 소망합니다.

우리가 이 책을 쓴 것은 회중의 요구에 부합하도록 교회를 개조하거나 공간을 새롭게 꾸미기 위하여 그들의 다양한 요구들을 정리할 필요가 있는 건축위원회(혹은 교회관리위원회)에 속한 이들을 돕기 위해서입니다.

교회의 신축이나 개축을 위한 위원회에서 섬기는 일에는 막대한 책임감이 뒤따릅니다. 많은 시간을 투자해야 할 뿐 아니라, 다른 성도들의 정성 어린 건축헌금을 사용하도록 위임을 받았기 때문입니다. 건축위원회에는 정말 많은 압력들이 있는데,

바로 문젯거리는 최소화화고 회중을 최대한 만족시켜야 한다는 압력들입니다. 사실상 어떤 결정을 내리는 것은 그 밖의 다른 가능성을 모두 배제하는 것이며, 건물을 완성했을 때 그 마지막 결과물은 돌이킬 수 없는 듯 보입니다.

우리는 이 책을 통해, 건축위원회에 속한 분들이 그들의 특정한 공동체를 훌륭하게 섬기도록 건물을 짓거나 공간을 리모델링할 때 그들의 시간과 자료들을 효과적으로 사용하도록 도움을 받을 수 있기를 소망합니다. 우리는 예배에 대한 기본적인 질문, 즉 "여기서 무슨 일이 벌어지는가?"라는 질문을 지속적으로 던짐으로써 그들에게 정말 필요한 것이 무엇인지 생각하도록 돕고 싶습니다. 그렇게 할 때 회중은 그들에게 정말 필요한 것을 담아내는 건축을 할 수 있습니다.

모든 회중들이 공통점을 많이 가지고 있지만 한편으로는 각각의 회중이 모두 독특하기도 합니다. 우리가 제시하는 질문들에 대해, 각각 그 지역의 특성에 따라 답해야 합니다. 많은 질문들이 교회가 무엇이고 무엇을 하느냐에 대한 기본적인 것을 다룹니다. 이 질문들은 어느 기독교 공동체이든 지속적인 삶의 일부분으로서―그 공동체가 건축에 대해서 심사숙고하고 있든 그렇지 않든 상관없이―분명히 제기되어야 할 것들입니다. 그런데 그런 질문들은 교회건축 계획이라는 상황에서는 보다 더 긴급성을 갖게 됩니다.

우리는 건축가들도 이 책을 유용하게 사용하기를 소망합니다. 그래서 건축가들이 기독교 예배를 위한 건축의 복잡성을 이해할 수 있게 되기를 바랍니다. 이 책은 실제 요구 사항들을 전달하는 데 간혹 어려움을 겪는 교회들과의 지속적인 대화를 위해 디자인되었습니다. 만약 건축가가 그들의 고객인 교회의 생각을 잘 파악하지 못하거나 포괄하지 못할 경우 그 건축물은 교회의 성장 역시 돕지 못하기 쉽습니다. 우리가 바라는 것은 건축가들이 각 단원을 건축위원회에 물어야 할 질문들의 목록표로 활용하는 것입니다. "이 점에 대해서 마음의 결정을 하셨습니까? 그것에 대해서 생각해보셨는지요?" 물론 이런 질문들에 대한 대답은 건축적인 답변이 다양하듯이 각각의 예배의 삶과 상황에 따라 다양할 것입니다.

예배학 과목을 수강하는 학생들은 교회건축에서 중요한 주제들을 정리하는 데 도움을 얻을 수 있을 것입니다. 많은 부분에서 교회 건물은 교인들이 건물을 건축할 당시에 그들이 무엇을 했고 어떻게 믿었는지를 반영합니다. 예를 들면, 누군가 18세기의 개혁교회의 예배를 위한 건축물을 조사해본다면, 그 신앙 공동체의 삶에서 하나님의 말씀이 지니는 권위에 대해서는 추호의 의심도 없을 것입니다.

하지만 이 책은 교회건축에 대한 역사적 연구서가 아닙니다. 그보다는 오늘날의 실제적인 현실들을 다루고 있습니다. 과거의 교회 건물에 대해서 다루는 엄청난 양의 자료들이 존재하며, 이러한 자료들을 공부하면 유익할 것입니다. 그러나 우리는 그러한 자료가 중복되는 것은 피했습니다.

우리는 교회의 공간이 교육이나 친교, 혹은 행정을 위해 독립적으로 사용되기에 '예배'와 관련된 공간에만 전적으로 집중했습니다. 물론 다른 공간들도 공동체의 전반적인 삶을 위해 중요합니다만 그 공간들은 상당히 다른 기능을 가지고 있습니다. 어떤 교단이나 교구들은 그러한 공간의 설계를 돕는 자료들을 출판하기도 합니다. 공립학교의 병렬 공간, 사회(사교) 클럽들, 사무실들을 연구하는 것은 유익할 수 있습니다. 그러나 예배 공간은 매우 독특합니다. 그러므로 우리는 모든 교회 시설들 중에서 가장 독특한 공간으로서 예배 공간을 집중적으로 다루었습니다.

우리는 또한 교회 건축기금 마련, 하부위원회의 조직, 건축가 선정, 건축 의무 조항에 따르는 문제 등 교회 건물에 관련된 다른 과정들을 다루지 않았습니다. 교단에 따라서 그 과정과 회중의 모임이 다르기에 각 교단의 총회 본부에 그와 관련된 자료의 공급을 일임한 것입니다.

우리는 교회를 신축하거나 개축하려고 생각하는, 그러나 무제한의 예산과 무제한의 시간을 갖지 못한 대부분의 회중에게 유용하리라는 믿음을 가지고 이 새로운 판을 썼습니다. 초판과 마찬가지로 이 책은 오류가 전혀 없는 규칙서가 아니라 회중들을 위한 '토의 자료'로 사용되기를 바라는 마음에서 저술했습니다. 우리는 건축 과정에서 전문적인 도움을 받아야 할 때를 지적해놓았습니다. 교회건축의 영역이 매우 빠르게 변화하고 있지만, 교회 디자인과 관련된 다양한 재료들과 기능들, 그리고 조직들systems에 대하여 지식을 가진 전문적인 사람들의 숫자와 그 종류는 늘어났습니다. 덧붙여 어떤 회중은 추가로 예전적인 조언을 해줄 사람을 고용하여 적절한 질문을 하고 공동체에 필요한 특별한 예배의 요구들을 고려할 것입니다. 우리는 좋은 조언이야말로 교회를 건축하거나 예배 공간을 리모델링하려는 회중이 할 수 있는 가장 좋은 투자라고 확신합니다.

이 책의 출판이 가능하도록 도와주신 많은 분들에게 감사의 인사를 전합니다. 그중에는 저희가 몇 년 동안 조언을 해준 회중들이 있으며, 이 문제에 대해 함께 이야기를 나눈 학생들과 동료들이 있고, 함께 일했던 건축가들이 있습니다. 이 책의 형식과 내용과 관련하여 도움을 준 스탠리 홀Stanley R. Hall 교수께 특별히 감사합니다. 호이트 힉맨Hoyt L. Hickman 박사, 로버트 투직Robert Tuzik 박사, 로버트 호킨스Robert Hawkins 교수, 제임스 힉비James L. Higbe, AAGO, Associate American Guild of Organists(미국오르간 연주자 협의회) 님께 감사드립니다. 그분들 모두 이 책에 의미 있는 공헌을 했으며 그분들 한 분 한 분께 감사한 마음을 갖고 있습니다. 특별히 이 책의 재판을 나오도록 해준 티모시 크라우치 Timothy J. Crouch 박사께 감사드립니다.

제임스 화이트

인디애나 주, 노틀담에서

수잔 화이트

텍사스 주, 포트워스에서

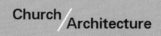

Church/Architecture

**Building and Renovating
for Christian Worship**

1

신앙 공동체를 위한
장소

건축은 공간을 체계적으로 구성하는 일이며, 교회건축은 예배를 위한 공간들을 체계적으로 구성하는 일이다. 한 공동체의 예배를 위해 공간을 구성하는 일을 돕는 건축가는 반드시 그 공동체의 예배에 관한 모든 정보를 받아야 한다. 이처럼 교회건축에 대한 논의는 항상 이 공간으로 의도하는 기능에 대한 질문들로부터 시작한다. "여기서 우리는 무엇을 하려고 하는가?"

건축과 예배의 관계는 복잡하다. 교회건축은 그리스도인들이 예배하는 방법과 그 건물이 예배의 형태를 빚어내는(간혹은 잘못 빚어내는) 방법 모두를 반영한다. 예배의 실천과 개념이 변하면 건물에도 필연적으로 중대한 변화가 일어난다. 비록 우리는 그 건물이 예배의 변화에 잘 적응할 것이라고 낙관적으로 생각하지만, 분명히 그 건물은 공동체가 그 예배에서 의도했던 것에 대한 중대한 장애물이 될 수도 있다. 동시에, 잘 디자인된 건물은 그 공동체가 바라는 대로 예배드릴 수 있게 하는 큰 자산이 될 수도 있다. 건물 없이 예배드리기는 어려울 것이고, 건물이 있더라도 예배에 적합하지 못하다면 역시 어려움을 겪을 것이다.

예배는 교회건축에 관한 어떤 논의에서라도 가장 중요하다. 모든 교회 건물은 신앙 공동체가 예배드리는 데 얼마나 적합한가라는 관점에서 평가되어야 한다. **기독교 예배의 가장 중요한 상징은 언제나, 그리스도의 이름으로 모인 공동체 자체다.** 그 공동체는 그리스도의 몸을 이루기 위하여 반복하여 모일 때, 그 모임들 안에서 그리스도의 현존을 새롭게 깨닫게 된다. 성육신의 신앙은 과거의 역사에만 국한된 것이 아니고, 그 현존이 그가 세운 공동체의 함께하는 삶 속에서 경험되는 그리스도를 향한 것이기도 하다. 바울은 "이제 너희는 그리스도의 몸이다"라고 기록했다. 그런 까닭에 그 공동체는 우리 한가운데 임하는 그리스도의 현존의 가장 중요한 상징이다.

건축적으로 이것은, 기독교 교회의 초점이 항상 사람들이 모이는 '안'에 있다는 것을 의미한다. 이는 신을 위한 기념비로 지어져 사람들이 그 내부에서 쫓겨나 신전 '밖'에 있는 이교도의 신전과는 그 의미가 전혀 다르다. 그리스도인들은 존재하지 않는 신을 위한 기념물들을 짓는 것이 아니라, 하나님과 백성이 만나는 장소들을 만든다. 많은 훌륭한 교회들의 전면이 수세기 동안 완성되지 않은 채로 남아 있었던 이유는, 공동체가 그 내부를 사용할 수 있는 한, 외부는 진정으로 중요한 것은 아니기 때문이었다.

그러한 우선순위에 관해 몇 가지 특징들을 언급해야 한다. 우리 시대는 교회 건물들의 **환대성**hospitality을 중요하게 인식해 왔다. 교회는 모든 사람을 교회로 초대하고 그들을 환영해야 하며, 그들이 자신의 가정에서와 같이 편안하게 느끼도록 해야 한다. 우리는 '환대성'을 개인 가정이라는 관점에서 쉽게 생각해 볼 수 있으며, 주거 건축의 많은 특징들은 오늘날 교회 안에서도 바람직한 것으로 인식된다. 1세기의 로마에서건 20세기의 아프리카에서건 그 선교적 상황들 안에서 항상 교회가 개인 주택 안에서의 만남을 편안하게 느껴왔던 것은 우연한 일이 아니다. 복음전도의 과정에서 사람들은 교회 건물로부터 환영받는 느낌을 받기도 하고 배척받는 느낌을 받기도 했다. 거기에 중립적인 영역은 없다. 환대의 본질은 사람들이 모여서, 만나고, 서로를 알고, 공동의 목적을 가지고 함께 행동하게 하는 것이다.

이러한 환대성은 건물의 많은 요소들과 관계된다. 그 하나는 분명히 스케일scale이다. 교회 건물은, 단지 건물을 구경하러 들어온 사람들에게 보여주려는 것처럼, 압도적이거나 인상적이어서는 안 된다. 거대하고 기념비적인 공공 공간은 자주 그러한 효과를 가진다. 하지만 교회는 예배라는 공동의 활동에 함께 참여하려는 사람들을 위해 존재한다. 실로 오늘날 예배에 대한 우리의 생각 한가운데 있는 단어가 있다면, 그것은 **참여**다. 공동체 전체의 "온전한, 의식 있는, 능동적인 참여"라는 제2차 바티칸 공의회의 요청은 지난 20년 동안에 우리가 예배 안에서 보아온 변화에 대한 슬로건이 될 수 있다. 모든 전통의 그리스도인들은, '참여'를 그 건축의 공간적 배열을 포함하여 예배에 관한 모든 것을 평가하는 핵심적인 기준으로 사용해왔다. 미래에는 **참여**가 지금보다 훨씬 더 광범위한 의미를 가지게 될 것이다. 그것은 아마도 어린아이로부터 노인에 이르기까지 모든 사람을 포함하는 전 교인이 함께 드리는 공동 예배일 것이다.

공간이라는 측면에서 참여를 다른 말로 표현한다면, 그것은 공간이 주는 **친밀감**intimacy이다. 친밀성은 참여의 분위기를 조성한다. 그 반대는 고립과 분리다. 우리는 자신이 단지 관객으로 있을 때보다 스스로 무대 위의 배우라고 느낄 때, 더 즐겁게 우리의 역할을 수행한다. 스케일 외에도 많은 요소가 친밀성에 영향을 준다. 음향은 중요한 문제다. 소리는 사람들이 노래 부를 때 홀로 부르고 있다는 생각이 들게 하기도 하고, 많은 목소리에 의해 지지받고 있다는 인상을 주기도 하는 등, 큰 차이를 만든다. 예술은 공간을 인간적으로 만들어서 예배자 자신이 그 안에서 이루어지는 일의 일부로 느끼게 하는 또 다른 요소다. 친밀감은 우리로 하여금 단지 관객이나 청중이 아닌, 그 예배의

교회건축과 예배 공간

일부가 되는 소속감을 느끼게 한다. 그럴 때 우리는 가장 온전한 참여를 경험할 수 있다.

이 장에서 우리는 신앙 공동체가 모든 경우에 사용하는 그러한 공간들에 대해 검토할 것이다. 이러한 공간들은, 성찬상이나 설교대, 또는 세례반을 두지 않는 퀘이커교도 같은 그룹들을 포함하여, 모든 기독교 전통의 교회들과 미팅하우스meetinghouse들 안에서 발견된다. 이러한 공간들은 모든 교회 건물에 공통적이며, 우리는 이 공간들에 대한 이야기로부터 시작할 것이다. 그 다음에 이어지는 장들에서는 기독교 공동체들의 예배에서 이루어지는 다양한 의식들을 위해 각각 필수적인 공간들을 탐색할 것이다.

기능 분석

어떤 일을 분석하기 위해서는 보통 그 일을 구성 요소별로 나누어 차례대로 분석하는 것이 유용하다. 이러한 방법은 교회 건축에서도 유용한데, 특히 교회건축이 기독교 예배를 위한 환경으로서 어떻게 기능할 것인가에 관심을 가질 때 더욱 그러하다. 분명히 한 건물의 모든 부분은 상호 관련성을 가지고 있다.

그러나 모든 부분이 어떻게 기능하는지를 모두 동시에 다룰 수는 없다. 따라서 우리는 그 부분들이 독립적으로 존재하는 것이 아니고 항상 전체의 일부로서 존재한다는 전제하에, 그 부분들을 별개의 구성 요소들로 다루어야 한다. 그렇게 하더라도, 그 분석 결과들의 통합은 독립된 부분들을 단순히 종합하거나 나열한 것 이상이어야 한다.

각 교회는 명확히 구별되는 여섯 개의 공간으로 구성된다. 그것은 모이는 공간, 이동하는 공간, 회중의 공간, 찬양대의 공간, 성찬상 공간, 세례의 공간이다. 그리고 세 개의 필수적인 예배의 중심들(또는 가구들)이 추가된다. 그것은 성찬상과 세례반(또는 침례조)과 설교대다. 때로는 독서대lectern, 기도대, 수찬대communion rail, 집례자의 의자 같은 보조적인 가구들도 있다. 성찬상altar-table에 대해서는 그것이 제대altar인 동시에 식탁table이라는 것을 강조할 것이다. 이 장에서 우리는 모임과 이동, 그리고 회중 좌석을 위한 공간에 관해 다룰 것이다.

예배에서 공간이 어떻게 작용하는가를 분석하기 위하여, 평면도로 시각화하는 것이 유용하다. 이 방법은 건물의 지붕을 걷어내고 공간을 내려다보는 것으로, 그 벽들을 실선으로 그리되, 거기에 문들을 개구부로 표현한다. 우리는 그 평면도가 얼마나 공들여 그려졌는가 또는 상세한가에는 관심을 두지 않는다. 오히려 우리는 각 공간들의 경계와 그 안에서 예전 가구들이 자리 잡은 위치를 알아보도록, 그리고 그 공간들과 예전 가구들이 서로 어떤 관계를 갖는지를 파악하도록 해줄 단순화된 설계에 관심을 가진다. 비슷한 방식으로 주택에서 식당과 부엌의 관계나 전자레인지와 냉장고와 조리대의 관계를 검토하여, 음식을 조리하여 서비스하는 데 필요한 동선의 길이를 최소화시킬 방법을 찾을 수 있다. 만일 부엌에서 식당으로 가기 위해 다른 방을 통과해야 한다든가, 또는 오븐이 개수대로부터 6미터나 떨어져 있다면 이는 기능적으로 문제가 있는 것이다. 예배 공간의 기능도 이런 방법으로 분석할 수 있다. 평면도는 그 최선의 분석 도구다.

이러한 목적을 위해, 예전의 중심들을 표시하는 문자들을 사용하여 단순한 평면도를 그려보는 것이 도움이 된다.

P – 설교대pulpit

A – 성찬상altar-table

B – 세례반 또는 침례조baptismal font or pool

G – 모이는 공간gathering space

C – 찬양대 공간choir space

추가로:

- 회중의 좌석은 장의자나 개별의자들을 나타내는 평행선들로 표시한다.
- 성찬상이나 세례반을 둘러싸는 공간은 해당 문자를 둘러싼 원으로 표시한다.
- 이동하는 공간은 통상적으로 움직이는 방향을 지시하는 화살표로 제시할 수 있다.

다른 문자들과 상징들은 필요에 따라 추가될 수 있다. 하나의 간단한 배열이 이런 방법으로 표현될 수 있다(그림 1을 보라).

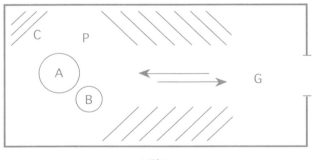

그림 1

이러한 평면도의 목적은 건물을 새로 디자인하거나 개선하

교회건축과 예배 공간

기 위한 것이 아니고, 단지 계획 중인 공간이나 또는 기존의 다양한 공간에서 예배의 기능을 분석하기 위한 것이다. 건축가는 공간을 디자인한다. 건물을 매입하든 개조하든, 그 공간이 예배의 삶을 형성하는 데 필수적인 환경으로서 어떻게 기능할 것인가를 깊이 생각하는 것은 회중의 책임이다. 그러한 평면도들을 그려보는 일은 어떻게 어떤 건물이 신앙 공동체의 삶을 형성하는가를 이해하는 데 필수적인 과정이다. 평면도는 우리가 살아가야만 하는 공간적 실체를 도해적으로 보여준다. 따라서 그것은 "여기서 무엇이 행해지는가?"라는 질문을 제기하기 위해 가장 도움이 되는 분석 도구다.

특정한 공간들을 분석하기 전에, 기독교 예배에 대해 한 가지 일반적인 언급을 할 필요가 있다. 기독교 예배는 비교적秘敎的이거나 정도를 벗어난 일이 아니다. 따라서 통상적으로 가장 단순하고 직선적이며 실용적인 접근이 최선이다. 모든 시대에 가장 좋은 교회 건물은 예배를 위해 가장 단순하고 가장 실용적인 공간 배열을 추구해왔다. 기독교 공동체는 그 건물을 감상하기 위해 모이는 것이 아니라 사용하기 위해 모인다. 그들은 결코 무엇인가를 보려고 멀리서 찾아온 관광객 공동체가 아니라, 교회 건물 안에서 함께 나누는 공동체다. 기독교 공동체는 건물을 단순하게 그리고 예배에서 꼭 필요한 것들을 위해 지어야 한다.

그 이상의 것들은 기독교 정신의 본질에 명백히 반하는 것이며 동시에 소모적인 것이다.

그리스도인들이 기념비적이거나 단지 장식적인 것을 피하여 가장 진지하게 단순하고 직접적인 것을 취할 때, 그 결과로 나타난 건물은 곧잘 가장 훌륭하고 아름다운 모습을 드러낸다. 건축가 루드비히 미스 반 데르 로에Ludwig Mies van der Rohe의 "적은 것이 더 풍부한 것이다"less is more라는 격언은 교회건축가들에게 많은 것을 시사해준다.

그러면 이제, 모든 회중에 의해 모든 경우에 사용되는 공간들, 즉 모임과 이동 그리고 회중의 좌석을 위한 공간으로 돌아가보자.

모이는 공간

최근 모이는 공간gathering space에 관하여 많은 관심이 나타나고 있다. 이러한 관심을 일으키는 이유들은 기독교 예배 자체에 관하여 많은 것을 보여준다.

기독교 공동체는 함께 예배드리기 위하여 모일 필요가 있다. 함께 나아오는 이 행동이 실로 주일 아침에 일어나는 가장 중요하고도 유일한 일일 것이다. 세상으로부터 '부름 받은'called out 사람들이 함께 모이는 것은 그리스도의 몸을 이루는 기본적인 일이다. 우리는 종종 단순히 실리적인 관점에서 이 행동이 필요는 하지만 중요하지는 않다고 생각해왔다. 그리스도인들이 예배를 위해 모일 때, 그들은 그들 가운데 임재하시는 부활하신 주님의 몸을 이루면서, 세상의 나머지 사람들이 할 수 없고 이해조차 못하는 어떤 일을 하고 있는 것이다. 바울이 우리에게 상기시켜준 것과 같이, 모인 공동체가 그들이 누구의 몸인지를 깨닫지 못하고, 다툼과 탐욕 속으로 떨어질 때에 무서운 결과를 맞게 된다(고린도전서 11:29).

그리스도의 몸을 이루기 위하여 함께 모이는 것은 기독교 예배의 본질적인 행동이다. 왜냐하면 그 행동이 우리를 세상에서 그리스도의 몸으로 연합시키기 때문이다. 이는 하나님 나라의 예표로서의 교회 안에 동참하기 위하여 일시적으로 세상으로부터 벗어남을 의미한다. 그것은 또한 거룩한 교회 안에 있는 하나님의 백성 안에서 명백히 나타나는 성령의 선물들을 나누기 위해 '하나로 모임'을 의미한다. 퀘이커 신학자인 로버트 바클레이Robert Barclay는 이것을 "한 장소 안에 놓인 많은 양초들은 빛을 크게 증대시켜서 앞을 더욱 밝게 비춘다"라고 표현했다.[1] 모이는 것은 교회 됨에 있어 필수적인 것이다.

한때, 그리스도인들의 모임은 행정당국에 도전하는 매우 위험한 행동이었다. 로마제국은 그리스도인들이 무엇을 하든 무엇을 믿든 거의 관심을 가지지 않았지만, 그리스도인들이 서로 만나지 않으면 교회가 사라져 없어질 것을 알았기 때문에 그들의 집회를 금지하기로 결정했다. 심지어는 자유로운 사회에서도 그리스도인들이 교회로 모이는 일은 또 다른 왕국에 대한 충성을 선언하는 정치적인 행동이다.

신약성경에서는 그리스도인들의 모임 장소를 '회당'synagogue이라고 언급한 일이 있다(야고보서 2:2). 청교도들은 그들의 건물에 대해서는 '미팅하우스'meetinghouse라는 용어를 사용하였고, 그 미팅하우스에 모인 사람들에 대해서만 오직 '교회'church라는 용어를 사용하였다.

이 '미팅하우스'라는 용어에는 우리가 예배하러 나올 때 하나님을 만날 뿐 아니라, 먼저 우리의 이웃을 만난다는 이중의 의미가 포함되어 있다. 하나님과 인간의 수직적인 만남은 인간과 인간의 수평적인 만남 한가운데서 일어난다. 이러한 행동의 키워드는 모임gathering, 함께 나아옴coming together, 집회assembly, 집합congregating, 소집convening, 협의conferring 등이다. 그리스도인들은 그리스도의 몸으로서 예배하기 위해 분명히 함께 모여야 한다.

모이는 것이 그렇게 중요하다면, 근래 지어진 대부분의 교회들 안에 그 증거가 거의 없다는 것은 좀 놀라운 일이다. 거기에는 필수적인 현관 홀 이외에는, 예배 공동체를 이루기 위해 함께 모이는 경험을 공간이 형상화하는 방법에 대해 거의 생각해오지 않은 것으로 보인다. 대부분의 예배자들은 주차장에서 보통 옆문side entrance을 통해 회중석으로, 즉 개인적 공간인 자동차로부터 가장 짧은 경로를 따라 공적 공간인 회중석으로 이동함으로써, 공동체가 함께 모이는 경험을 거의 가지지 못한다. 그들이 자동차로부터 회중석까지 가는 동안 때로는 다른 예배자들을 아무도 만나지 않을 수도 있다.

최근 교회들은 예배 공동체를 이루는 경험을 만듦에 있어 그 건물 자체의 역할에 대해 훨씬 더 큰 관심을 보여준다. 이러한 건물들은 그 안에서 모이는 일이 그 자체로 예배의 가장 중요한 행동이며, 예배는 맨 처음 사람이 교회에 도착하는 순간부터 시작된다는 전제 위에 기초한다. 미국의 연합감리교와 장로교는 '모임'gathering 또는 '함께 모임'gathering together을 예배의 첫 번째 순서에 넣음으로써 이에 대한 관심을 불러일으키고 있다. 모든 교회는 공간의 배열이 예배를 위해 모이는 경험을 형상화하는 방법에 대해 깊이 생각하고 있다.

이것은 공동체의 구성원들이 건물의 외부와 내부의 모든 공간에 대해 예배를 위해 함께 모이려고 합류하는 행렬의 통로로서 생각할 필요가 있음을 나타낸다. 비록 토지 이용에 관한 법률이 종종 교회로부터 특정한 거리 안에서 특정한 형태의 사업들을 금지하고 있기는 하나, 대부분의 교회들은 교회 부지 경계선 바깥의 영역에 대해서 아무런 조치도 취할 수 없다. 그러나 교회는 그 자신의 부지 안에서 일어날 경험들을 미리 계획할 수 있다. 우리의 주요 관심사는 사람들이 하나님을 만나기 위해 준비할 때 서로 얼굴과 얼굴을 대하며 만날 수 있도록 하는 것이다. 숲 속에서 여러 갈래의 길이 한 장소로 모이는 형상은 만남을 유도하는 하나의 유용한 이미지다.

환대성은 건물 안팎의 모이는 공간에서 일어나는 모든 일의 기본적인 속성이다. 이 공간들은 그 장소와 사람들에 친숙한 사람이든 낯선 사람이든 그들 모두를 환영할 필요가 있다. 기념비적이거나 압도적인 형태들은 행인들에게 인상적이기는 하겠지만, 일반적으로 사람들을 끌어당기거나 안으로 들어오도록 초대하지는 않는다. 인간적인 스케일human scale●의 공간들은 우리를 안으로 들어오도록 부르고, 특히 지붕이 덮인 입구는 피난처shelter를 연상시킨다. 반면에, 철조망 담벼락은 아무도 보호해주지 못하며 따라서 환대성과는 정반대의 느낌을 준다. 낮은 천장

● 인간의 신체 크기를 기준으로 한 척도로, 친밀하게 느낄 수 있는 크기.

과 예술 작품들, 그리고 인간적인 스케일의 가구들은 환영하는 느낌을 준다. 기독교 교회는 그 본성상 다른 사람들을 환영함을 통해 성장이 이루어진다. 모이는 공간은 "우리는 당신이 우리와 함께하는 일원이 되기를 원한다"는 교회의 뜻을 분명히 나타내야 한다.

모이는 공간을 계획할 때에, 몇 가지 실질적인 문제들을 반드시 기억해야 한다. 먼저, 모이는 경험은 건물의 내부 공간에서와 마찬가지로 외부 공간에서도 일어난다. 대부분의 미국인들은 자동차를 타고 교회로 오기 때문에 주차장의 위치가 매우 중요하다. 주차장들은 하나의 공동의 입구로 연결되도록 설계되었는가? 후문으로 난 지름길보다는 공동의 입구로 사람들을 인도하도록 주차장 위치를 계획할 수 있다.

주차장으로부터 교회 입구로 이어지는 통로의 분위기는 매우 중요하다. 2열의 큰 나무들이나 관목들로 이루어진 조경은 교회로 가는 과정의 경험을 강조할 수 있다. 그러한 식물들에 의해 빛과 그림자가 반복되는 리듬은 사람을 앞으로 나아가게 인도한다. 길은 밤에도 안전하게끔 포장해야 하지만, 또한 흥미롭고 초대하는 모습일 수도 있다. 조명은 야간의 모임을 위하여 필수적이다.

벽이나 울타리 등으로 에워쌈enclosure으로써 건물 바깥에 모이는 장소를 창출해낼 수 있다. 많은 고대 교회들은 교인들이 교회에 들어가기 전에 세상으로부터 예배 장소로의 공간적 전이轉移를 이루는 아트리움이나 앞마당을 가지고 있었다. 때때로 이 마당에다 세상으로부터 나와 교회로 들어올 때 상징적으로 손을 씻을 수 있는 시설을 제공하기도 했다. 많은 중세 교회들은 하나님 앞에서 언약을 확증하기 위해 모이는 장소로서 신성한 기능과 세속적인 기능을 모두 수행하는 현관을 통하여 들어가게 되어 있었다. 최근까지도 교회들은 교회 주변에 묘지를 두어, 이를 통해 천국의 교회를 생각하는 가운데 지상의 교회가 모이게 했다.

이 모두가, 자동차의 문과 교회의 출입문 사이에 있는 것들이 우리가 건물 안에 들어갔을 때 일어날 일을 위한 필수적인 준비라는 것을 말해준다. 외부 공간은 건설비용이 훨씬 적게 들지만 그 디자인 과정에서 아주 많은 생각을 해야 한다. 조경건축가가 여기서 중요한 역할을 할 것이다.

건물 내부의 모이는 공간은 특별히 고려할 만한 가치가 있다. 여기서 우리의 관심은, 서로 낯선 사람들이 아니라 각각 자신의 기쁨과 슬픔을 함께 나누기에 서로를 위해 함께 기도할 수 있는 사람들이 함께 예배 공동체를 이루는 것을 돕는 것이다. 흔히 무시되거나 단지 현관 홀 정도로 보이는 이 공간은 예배실 안에서 이루어지는 예배의 질에 크게 영향을 준다. 여기서 그리스도의 몸을 이루는 중요한 부분이 대화와 인사, 악수 같은 비공식적인 활동 안에서 일어난다. 우리의 예배가 얼마나 인간적인가!

모이는 경험을 공간이 고양시키도록 하기 위해 그 공간을 어떻게 디자인할 것인가? 우리는 특히 가정에서 손님을 대접할 때의 분위기를 연상시키는 환대성의 차원을 언급했다. 많은 비슷한 모습이 가정 안에서 일어나기 때문에 이 공간을 가정적인 관점으로 생각하는 것이 도움이 될 것이다. 친밀성, 편안함, 비형식성, 교제 등 모두가 환대적인 분위기와 관련 있는 것들이다. 거기에는 서거나 앉을 수 있는 충분한 공간이 있어서 다른 사람들이 들어갈 때 즉시 길을 비켜주어야 한다는 압박감을 받지 않고 서로 환대하고 인사할 수 있어야 한다. 따라서 일반 건물의 현관 홀보다 훨씬 더 큰 공간이 필요하다.

최근의 교회 건물들은 이에 대해 여러 가지 가능성들을 보여주고 있다. 건축가 에드워드 소빅Edward Sovik은 자주 아이스크림 가게와 연관 있는 의자와 테이블들을 갖춘 공간을 디자인하고 이를 콩코스concourse, 중앙 홀라고 부른다.[2] 그 공간의 목적은 사람들이 예배 전후에 앉아서 대화하게 하는 것이다. 이러한 공간들은 교인들을 좀더 일찍 교회에 오게 하고 예배 후에도 교회에 머무르도록 유도하는 효과가 있다. 디자이너 겸 컨설턴트인 프

랭크 캑마르칙Frank Kacmarcik은 뉴욕 주의 사라토가 스프링스 시에 있는 세인트 피터 교회St. Peter's Church의 외부에 환대적인 '모이는 장소'를 제공하였다. 이 친근한 공간은 세 개의 건물들 사이에 있는데, 거리 쪽은 벽으로 둘러싸여 있고 그 위를 나뭇가지들이 캐노피처럼 덮고 있다. 또한 그는 인디애나 주 카멜 시에 있는 세인트 엘리자베스 세톤 교회St. Elizabeth Seton Church에서 교회 내부의 침례조 주위에 모임의 장소를 디자인했다.

그러한 공간들에는 여러 가지 편의시설들을 갖추어야 한다. 대부분의 기후에서는 비옷이나 겨울코트를 벗어 걸 수 있는 장소들이 필수적이다. 화장실은 편안한 자리에 위치하고 식별하기 쉬워야 한다. 커피나 음료, 또는 가벼운 음식을 제공할 수 있는 코너를 만드는 것도 바람직하다. 때로는 응급의료장비를 비치할 공간도 필요하다.

이동 공간

공동체의 이동은 '모이는 공간'에 도착하는 것으로 끝나지 않는다. 통상적으로 이 공간은, 공동체의 '함께 모임'이 그 모임을 위해 구별된 공간 안에서 일어날 수 있도록, 벽에 의해 주 예배실과 분리된다. 그러나 그들은 이렇게 모인 다음에 예배의 주요 부분 동안 그들이 앉아 있을 회중석으로 이동해야 한다. 그들은 이제 또 다른 종류의 공간, 즉 '이동을 위한 공간'으로 들어선다.

대부분의 기독교 예배 역사 속에서, 교회 내부 공간의 대부분은 이동을 위한 공간이었다. 거기에는 의자가 없었다. 14세기가 되어서야 비로소 회중이 예배시간 동안 서 있거나 걸어 다니던 빈 공간을 점점 좌석으로 채워갔다. 그때까지 사람들은 설교대 주위에 모여 서 있거나 성찬상이 더 잘 보이는 곳으로 갈 수 있었다. 지금도 많은 정교회나 동방교회에서는 그렇게 하고 있다. 회중은 이동성을 가지고 있었으며, 교회의 내부는 융통성 없는 고정된 의자들로 열을 맞추어 구성되어 있지 않았다.

중세 후반부터 회중은 예배 중에 의자에 앉기 시작했고, 이는 기독교 예배의 역사에서 아마도 가장 중요한 변화를 일으킨 사건일 것이다. 사람들은 예배가 진행되는 동안 사실상 그들이 차지하고 있는 개인 공간의 관리자가 되었고, 또한 사회적 신분의 구별은 어떤 공간을 다른 공간보다 더 특권 있는 공간으로 만들었다. '이동하는 회중'으로부터 '앉아 있는 회중'으로의 이 변화는 예배를 계획하고 인도하는 사람들에게 여전히 중요한 도전으로 남아 있다. 비록 의자들이 예배 공간의 대부분을 차지하기 전만큼 뚜렷하지는 않지만, 그럼에도 이동은 아직도 모든 전통의 기독교 예배에서 중요한 부분을 차지하고 있다. 교회 건물의 계획에서 예배 자체의 본질적인 부분으로서 이동의 중요성이 간과되어서는 안 된다. 여기저기로 이동하는 것은 단지 편안함의 문제만은 아니다. 그것은 예배의 중요한 요소다. 문자 그대로, 그리스도인들은 그들의 다리를 포함하여 몸 전체로 예배드린다.

그때 이동 공간은 예배 공간이고, 다양한 방법으로 기능하며, 그 모든 기능은 교회 건물을 계획할 때에 고려되어야 한다. 이 공간은, 사람들이 교회에 도착해서, 예배가 시작될 때 회중석으로 들어가 자리에 앉고, 예배가 끝날 때 그 자리를 떠나는, 회중의 입장과 퇴장에서 명백하게 기능한다. 이것은 이동 공간의 첫 번째 요건이 좌석에 접근하는 것임을 의미한다. 만일 의자들이 너무 길고 이동 공간으로부터 멀리 떨어져 있으면, 단지 접근이 어렵다는 이유 때문에 빈자리가 많을 수밖에 없다. 따라서 일반적으로 좌석 다섯 개를 지나지 않아서 통로에 이르게끔 하는 게 바람직하고, 바깥쪽에 앉은 사람들을 지나 안쪽 좌석으로 들어가고 또 거기서 나오는 게 너무 어렵지 않아야 한다.

이동 공간은 봉헌을 위한 다양한 행동들을 위해서도 사용된다. 여러 교회에서 헌금위원들이 헌금을 걷어 교회 앞으로 가져간다. 이를 위해 그들이 모든 좌석으로 접근할 수 있어야 한다. 어떤 경우에는 전체 회중이 직접 십일조와 헌금을 성찬상으로 가지고 나오기도 한다. 때때로 빵과 포도주가 교회 입구의 테이블 위에 놓여 있다가 주님의 만찬을 준비하는 가운데 봉헌 시에 앞으로 운반된다.

여러 교회에서, 성찬을 받는 사람들이 그들의 자리에서 일어나 수찬대communion rail나 성찬소communion station로 나아와서 무릎을 꿇거나 서서 빵과 포도주를 받는다. 성찬을 받기 위해 앞으로 나아가는 행동은, 그 자체로 자기 헌신과 선물을 받고자 하는 마음의 생생한 표현이다. 어떤 경우에는 사람들이 그룹으로 나아가 성찬상 앞에 앉기도 한다. 회중이 의자에 앉아 있는 채로 성찬이 시행되는 곳에서는 성찬 분배자가 회중석의 각 열에 접근할 수 있어야 한다.

이동의 또 다른 형태는 세례나 입교 또는 새 신자를 환영할 때 일어난다. 사람들은 세례 의식이 거행될 때 회중으로부터 나와 세례반이나 침례조로 가야 한다(4장 참조).

다양한 행진도 예배의 요소들이다. 찬양대가 찬양대석에 어떻게 들어가고 나올 것인가? 부적절한 공간 때문에, 찬양대의 입장이라는 중요한 퍼포먼스가 너무나도 자주, 찬양대원들이 단지 자기 자리로 들어가는 일이 되었다. 찬양대가 예배실에 입장하고 퇴장하는 시간이 예배시간 중 5분 이상을 소비하지 않으려면 그 동선에 장애물이 없어야 하고, 편안하게 입장할 수 있도록 주의 깊게 훈련되어야 한다. 이를 위해 찬양대실로부터 찬양대석으로의 이동을 고려한 평면 계획을 잡는 게 필요하며, 그렇게 하지 않으면 매 주일 후회하게 될 것이다.

　수난주일이나 종려주일 같은 날에는 모든 회중이 행진하는 교회도 있다. 일반적으로 이 행진은 교회 건물 주위를 돈다. 버몬트 주의 벌링턴 시에 있는 한 로마 가톨릭 성당은 이러한 행진을 위한 공간 구성의 훌륭한 예다. 때때로 외부 공간은 기후가 좋지 않을 때에도 회중의 행진을 위해 사용된다. 문제는 사람들이 좌석으로부터 나와서 통로를 따라, 반대 방향으로부터 오는 사람들과 교차하지 않고 이동하여, 다시 그들의 좌석으로 돌아갈 수 있게 하는 방법이다. 어떤 건물에서는 그러한 이동이 거의 불가능한 데 반해, 다른 건물에서는 매우 용이하게 이뤄질 수 있다.

　대부분의 결혼식에서 매우 눈에 띄는 순간은 신부의 행진과 결혼한 신혼부부의 퇴장이다. 이를 위해 모두가 잘 볼 수 있도록 중앙의 통로가 흔히 선호되지만, 다른 통로들도 가능하다(5장 참조). 이 두 가지 의례적 움직임들은 이에 관련된 사람들 각자에게 일어난 중요한 변화를 증언한다는 점을 기억해야 한다. 그리고 공간도 반드시 이에 따라 디자인되어야 한다.

교회건축과 예배 공간

이동 공간을 위한 또 다른 요구 사항은 장례식을 위한 것이다. 때때로 관이 장례식 도중에 운구자들에 의해 예식장 안으로 운반되어 들어오고, 예식 후에 다시 밖으로 운반된다. 이것은 통로에 최소한의 너비를 요구한다. 예식이 진행되는 동안 관을 둘 장소도 이 공간을 계획할 때 함께 고려해야 한다.

　　우리는 부흥운동을 통해, 사람들을 영적으로 감동시키려면 그들을 육체적으로 움직이게 해야 한다는 것을 발견했다. 어떤 교회에서는 사람들이 제단 기도를 위해 앞으로 나아간다. 이 기도를 위해서는 제단으로의 접근성과 제대 앞에 무릎 꿇을 장소가 필요하다. 아이들도 특별한 교훈과 기도를 위해 앞으로 나아갈 수 있다. 회중은 평화의 인사Passing the Peace●를 위하여 움직일 수 있다. 연극이나 춤 같은 공연들이 예배의 한 부분일 수도 있다. 이동 공간은 자신의 세례를 갱신하거나 재확인하기 위하여 또는 헌신 서약을 하거나 어떤 새로운 형태의 그리스도의 제자도 안에서 그들 자신을 드리기 위하여 앞으로 나아가는 사람들에게도 필요할 것이다. 회중석의 맨 앞 열과 수찬대 또는 강단 사이의 공간은 이처럼 다양한 방법으로 사용되며, 따라서 충분한 넓이가 필요하다.

● 예배 중 성도 간에 나누는 인사로 보통 "하나님의 평강이 함께하기를 바랍니다!"라고 한다.

이러한 다양한 형태의 이동은 예배 공간 안에서 어떤 실제적인 결과들로 분명하게 나타나야 한다. 이동은 예배와 무관한 것이 아니라 전체 예배의 한 부분이다. 이동 공간은 가능한 한 작게 만들어야 할 쓸데없는 공간이 아니다. 비록 때때로 그 공간에 임시적인 좌석을 두더라도, 그곳은 중요한 예배 공간이다.

────
회중의 공간

모든 예배에서 전체 공동체에 의해 사용되는 공간의 세 번째 유형은 회중의 공간이다. 현대 교회들에서 이곳은 장의자나 의자들로 채워져 있기 때문에 좌석 공간이다. 그러나 그것은 좌석 공간만은 아니다. 왜냐하면 좌석은 찬양대나 성직자를 위한 다른 장소에도 제공되기 때문이다. 더욱이 이 영역을 '좌석' 공간이라고 부르는 것이 전적으로 적절한 것도 아니다. 왜냐하면 그곳은 회중이 서거나 무릎을 꿇으면서 예배하는 장소이기도 하기 때문이다. 회중의 공간은 보고, 듣고, 말하고, 노래 부르고, 악수 같은 많은 움직임을 요하지 않는 몸짓들을 하기 위하여 앉거나 서거나 무릎 꿇는 곳이다.

이 공간을 한마디로 말한다면, **참여** 공간이다. 여기 모인 회중은 수동적인 청중으로서가 아니라, 전적으로 적극적인 참여자로서 예배한다. 그럼에도 많은 경우에 회중의 적극적인 참여를 막는 최대의 장애물은 건축이다. 어떤 교회들의 공간 배열은 부적절한 시야와 먼 거리, 좋지 못한 음향, 나쁜 조명 및 기타 여러 가지 장애 때문에 참여하는 일을 매우 어렵게 만든다. 따라서 예배 갱신의 중요한 한 부분은 회중 공간에서 참여에 장애가 되는 모든 요소들을 제거하는 일이다.

이 공간에 대해 생각해볼 때, 가장 우선적인 문제는 그 배치다. 회중 공간은 대부분의 교회 건물 안에서 가장 큰 공간이기 때문에, 그 공간을 구성함에 있어 매우 중요한 특정한 결정들이 이루어져야 한다. 이는 참여를 강조하는 예배에서는 과거의 많은 해법들이 더 이상 만족스럽지 못하다는 것을 의미한다. 터널같이 긴 직사각형의 홀nave 안에 회중석을 길게 배열한 세로축

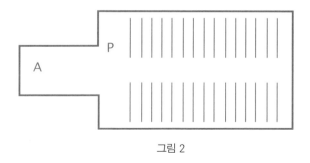

그림 2

의 공간, 즉 바실리카식 평면은 가장 불리하다.(그림 2)

그러한 건물들은 적절한 시야와 음향이 확보되어 있더라도, 뒤에 앉아 있는 회중으로 하여금 수동적 자세를 취하게 만든다. 여기서, 종교개혁 시기와 그 후 3세기 동안 계속된 예배 공간에 대한 실험을 통해 이와 다른 평면을 선택한 그 역사적인 이유를 토론하기는 불가능하다.[3] 다만, 그 대안을 찾기 위한 과거의 수많은 시도들이 회중 공간 구성에 대한 새로운 방법들을 찾는 최근의 노력들에 영감을 주어왔다고만 말하겠다.

기본적으로 보다 더 새로운 형태들은 세로축의 배열보다는 오히려 중앙 집중화하여 회중을 설교대나 성찬상, 세례반/침례조와 같은 예배 중심부들에 가능한 한 가깝게 배열하려는 경향이 있다. 어떤 경우에는 회중 공간이 성찬 공간의 주위를 둘러싸게 함으로써, 8열의 좌석에 매우 많은 회중을 앉힐 수 있었다. 이러한 디자인에는 설교를 위해 가장 적합한 배열과 주님의 만찬을 위해 가장 적합한 배열 사이의 적절한 타협_{절충}이 필요하다. 그 균형은 원형의 배열에서 통상적으로 설교를 위한 시선이 가장 좋은 한 작은 부분과 회중 공간이 성찬상 주위를 둘러싸는 반원 또는 그보다 더 넓은 부분 사이의 중간에서 이루어진다. 이러한 요구들은 2장과 3장에서 더 자세히 논할 것인데, 이를 단순화시킨 평면은 몇 가지의 가능성들을 보여준다.

그림 3

　한마디로 말하면, 비록 직사각형의 긴 예배 홀이 바람직하
지 않다는 데는 동의가 이루어진 것 같지만, 오늘날 회중 공간
을 위해 어떤 것이 최상의 모습인가에 대한 질문에 간단히 제
시할 수 있는 대답은 없다. 어떤 교회들은 오늘날의 예배를 수
용할 공간을 다시 만들기 위해 엄청난 노력을 해왔다. 이러한
노력들 중에는 세로축의 긴 공간에서 이전의 성단소chancel를
벽으로 막아 분리시키고, 긴 벽의 중간에 성찬상과 설교대를 두
는 경우도 있었다.

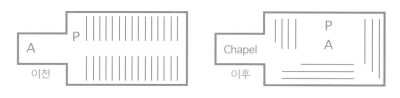

그림 4

이러한 노력들은 대수술을 요구하지만, 기독교 예배에 대한 최근의 이해들과 대립하기보다는 오히려 이를 지지함으로써 자주 새롭고 유용한 건물들을 만들어왔다. 새로운 건물을 디자인하는 일은 결코 더 쉽지 않은 일이지만, 기존의 공간을 개조하는 데 따르는 문제들로부터는 자유롭다. 두 경우 모두에서 우리는 회중의 온전한 참여를 최대한으로 강조하는 공간을 선호하며, 길고 뒤로 후퇴하는 공간을 피하려고 노력하고 있다.

수많은 실질적인 문제가 나타난다. 우리는 회중 공간이 의자들로 채워지기 시작한 이후 근래에 이뤄진 발전들에 주목해야 한다. 최근 수십 년간 대부분의 미국 교회들은 고정된 장의자들로 채워졌다. 이는 우리의 예배 공간을 사람들의 단일한 배열, 즉 평행한 열들로 한정시켰다. 따라서 건물은 출석한 사람들의 수나 행사의 성격에 관계없이 항상 동일했다. 예배에서 엄청난 변화가 일어난 시기였던 1960년대는 다른 가능성들이 요구되었다. 이것은 수많은 교회에서 장의자들을 치우고 매력적이고 편안한 개별의자들을 두도록 유도했다. 이런 방식으로 다양한 배열이 가능해졌고, 공동체는 사람들 또는 행사 주위에 회중의 공간을 만들 수 있었다.

이렇게 획득한 공간의 융통성으로 큰 이점이 나타났다. 200명을 위한 장의자를 가진 교회에 단 100명이 예배에 참석한다면, 절반은 비어 보일 것이다. 같은 공간을 100명이 앉도록 배열한다면, 사람들은 "아주 많은 사람들이 출석해서 좌석들을 더 가져다 놓아야 하겠구나"라고 말할 것이다. 개별의자를 사용하면 결혼과 세례 또는 매일 기도회daily office의 화답송antiphonal recitation 같은 여러 가지 행사들을 위해 배치를 바꾸는 것이 가능하다. 그러한 좌석은 예배를 제한하기보다는 예배를 반영할 수 있다.

비록 개별의자에는 융통성이라는 확실한 이점이 있음에도 불구하고, 우리는 또한 어떤 불리한 점이 있다는 것을 깨달을 만큼 충분히 오래 개별의자를 사용해왔다. 편안하고 매력적이라는 점에서 개별의자는 장의자에 맞먹는다. 실제로 유럽의 많은 대성당들에서는 개별의자가 선호되어왔다. 우리는 값싼 접이식 의자에 대해 말하는 것이 아니라 매력적인 개별의자에 대해 말하는 것이다. 그러한 의자들은 같은 품질의 장의자들과 가격이 비슷하다. 오늘날 단단한 나무로 만든 가구를 사려는 사람은 누구나 그 품질이 그리 낮지 않고 싸지 않음을 안다. 안전하게 고정되지 않은 가구는 앉거나 일어설 때 그 가구에 의지하는 장애인들과 노약자들에게는 때때로 위험하다. 더욱이 그러한 의자들은 화재에 관한 지방의 법규 때문에 서로 강하게 연결될 수 있어야 한다. 그리고 공간을 만들기 위하여 그것을 포개놓을 수 있어야 한다. 이를 위해 큰 보관 창고가 필요하다.

융통성은 많은 이점들을 가지고 있지만, 단점 또한 많다. 하나의 건물을 여러 가지 용도로 바꾸어 사용하기 위해서는 시간과 노력이 필요하다. 융통성의 이점에도 불구하고, 때때로 의자를 움직이는 것이 너무 힘들어서 같은 배열을 계속 유지하기도 한다. 의자들이 질서 있는 모습을 유지하게 하려면 많은 관리가 필요하다. 또한 경사가 있는 바닥에서는 이동식 의자를 사용하는 게 거의 불가능하다. 따라서 회중 공간을 계획하는 데는 고정식 의자와 이동식 의자의 상대적인 이점들을 주의 깊게 고려해야 한다.

절충은 가능하다. 어떤 교회들은 일정 부분에는 고정된 좌석인 장의자를 두고 다른 공간(별로 사용하지 않는 장소나 초과 인원을 위한 공간)에는 개별의자를 배치한다. 이렇게 고정 좌석과 이동 가능한 좌석을 혼합하여 사용하면 어느 정도 융통성을 가질 수 있다. 마찬가지로, 바닥에 고정되지 않은 4인용 짧은 장의자도 역시 유용하다. 이들은 필요할 때 옮길 수 있고 보통 때는 일정한 장소에 둘 수도 있다.

의자는 값이 비싸고 영구적인 물건이다. 따라서 모든 대안을 비교 평가한 후에 신중하게 결정해야 한다. 어떤 교회들은 장의자 대신 이동식 의자를 사용함으로써 훨씬 더 큰 유용성을 얻었다. 그들은 융통성이 있으면 더 큰 건물을 짓지 않아도 된다고 주장할 것이다. 그러나 융통성은 직원들이나 자원봉사자들이 보다 더 효과적으로 일할 시간을 빼앗는다. 따라서 융통성이 반드시 항상 유용한 것은 아니다.

비록 최근에는 더 많은 사람들이 일어서서 기도하는 추세이긴 하지만, 어떤 교회들에서는 무릎받침대를 필수적인 것으로 여긴다. 대부분의 예배에서 무릎받침대를 사용하는 일이 없어지지는 않았다 하더라도 그 사용 시간은 점점 짧아져 왔다. 고정된 무릎받침대를 걸상에 경첩으로 결합하기도 하고, 무릎깔개 방석을 의자 아래에 두거나 고리에 매달아두기도 한다. 만일 회중이 무릎받침대를 사용한다면, 의자 열의 앞뒤 간격이 그만큼 넓어야 하고, 따라서 좌석의 수는 그만큼 감소된다.

현대 교회의 특징 중 하나는 성경과 찬송가집을 올려놓을 받침대일 것이다. 예배 예식서와 찬송가집의 보급이 확산되면서, 제한된 공간에 점점 더 많은 책을 올려놓게 된다. 예배가 좀 더 안정되고 통합되면서 책들의 종류가 크게 늘어나고 있지는 않으나, 여전히 장의자나 개별의자 위에 개인당 두 권의 책을 올려놓을 만한 넓은 공간을 제공하는 것은 필수적이다. 어떤 교회들에서는 성찬 잔을 위한 컵 홀더나 다양한 종류의 카드들을 올려놓을 선반도 필요하다.

좋은 시선을 확보하게 하는 것은 아무리 강조해도 지나치지 않다. 설교대와 성찬상 장소의 높이가 높으면 회중의 시선이 더 좋아진다. 다만 그러한 장소가 너무 높으면 앞에 앉은 사람들로 하여금 불편할 정도로 고개를 들어 올리게 만들기는 한다. 물론 회중 공간의 모든 자리가 설교대와 성찬상에 충분히 가깝다면 시선을 확보하는 문제는 최소화될 것이다.

양호한 시선 확보를 위한 또 하나의 해법은 경사진 바닥인데, 이는 큰 건물에서 바람직하다. 그러나 그런 해법에도 심각한 문제들이 있다. 즉 이를 위해 외부나 내부에 계단들을 두어야 한다면, 장애를 가진 사람들에게 큰 어려움을 줄 수 있다. 또 거기에는 고려해야 할 경제적인 문제들이 있다. 경사진 바닥은 통상적으로 구조비용을 증가시키며, 모든 걸상을 그 경사에 맞추어야 하기 때문에 비용을 증가시킬 수 있다. 물론 경사진 바닥에 이동식 좌석을 배치하는 것은 거의 불가능하다. 어떤 경우에는 경사진 바닥이 모든 회중으로 하여금 설교대와 성찬상에서 일어나고 있는 일을 볼 수 있도록 만드는 최상의 해결책이 될 수 있지만, 이때 생길 수 있는 문제들을 먼저 주의 깊게 검토해야 한다.

대부분의 교회에서 회중 공간이 가장 중요한 공간이기 때문에, 그 결정에 많은 시간을 투자할 만한 가치가 있으며, 다른 어떤 결정도 건물의 사용에 있어 이보다 더 중요한 영향을 줄 수는 없을 것이다. 이 공간의 디자인은 회중을 예배에 전적으로 참여하게 할 수도 있고 그러지 못하게 할 수도 있다. 따라서 이러한 결정들은 서두르지 말고 모든 측면에서 신중하게 살핀 후 이루어져야 한다.

2

말씀의 예배를 위한
장소

우리는 이제 기독교의 다양한 예배 형식들 중에서 두드러진 예배 유형들을 고찰해보고, 교회 건물이 그 각각의 유형 안에서 어떻게 기능하는지를 살펴보려고 한다. 이 장과 이어지는 네 장은 각 유형의 예배가 요구하는 것들을 설명하고, 건물이 어떻게 하면 가장 훌륭한 공간을 제공할 수 있는지를 설명할 것이다. 교회 음악은 유사하지만 별개의 방식으로 다룰 것이다.

말씀의 예배

우리는 먼저 가장 공통적인 예배 유형인 말씀의 예배service of the Word를 살펴보려고 한다. 불행히도 이 예배 유형에 사용된 '말씀의 예배'라는 명칭은 대부분의 사람에게 별 의미가 없을 것이다. 왜냐하면 말씀의 예배는 그 중립적 용어를 찾아야할 필요가 있을 만큼 수많은 다른 명칭들로 불려왔기 때문이다. 이 예배의 명칭들은 오전 예배morning worship, 아침예전morning order, 주일 예배Lord's Day service, 거룩한 예배divine worship, 성찬 전 예배antecommunion, 미사 전 순서foremass, 집회synaxis, 설교 예배 preaching service, 하나님 말씀의 선포proclamation of the Word of God 등, 교파들 사이에서나 심지어 한 교파 안에서도 서로 다르다.

명칭이야 어떻든 우리는 통상적인 주일 예배, 또는 대부분의 개신교에서의 설교 예배와 로마 가톨릭 및 성공회, 그리고 많은 개신교 교단들에서의 미사나 주님의 만찬의 첫 부분에 대해서 이야기하고 있다. 말씀의 예배는 퀘이커 전통의 일부를 제외하고는 거의 모든 교회에서 공통적이다.

명칭은 서로 다르지만, 그 내용은 각 교파들 사이에서 비슷하다. 이 예배(또는 예배의 부분)는 성서 독서나 설교를 통한 하나님의 말씀의 선포에 중심을 두고, 그 사이사이에 독서와 함께 시편들과 다양한 찬송들canticles, hymns, anthems 또는 회중의 다양한 응답들이 삽입된다. 그리고 말씀의 선포를 중심으로 그 앞이나 뒤에 기도나 그 밖의 예배 행위들이 배치된다.

기독교 공동체는 하나님의 말씀을 듣기 위해 함께 모인다. 이 신성한 말씀은 공동체를 하나로 만드는 공동의 기억들, 즉 성서의 이야기들을 반복하여 들려준다. 성서를 읽는 것은 그 공동체에게 하나님이 과거의 시간 속에서 그들을 위하여 하신 일과 현재와 미래 속에서 하시기로 약속하신 것을 기억시킨다. 이

기억들은 음악과 설교를 통하여 회중으로 하여금 자신을 돌아보게 함으로써, 그 독서들 속에서 기념되는 하나님의 행동들의 의미가 현재 삶의 상황에 적용되게 한다. 그리고 예배자들은, 하나님이 역사하시는 이 상황 속에서 기도하는 가운데, 현재에도 계속되는 하나님의 역사를 볼 것이라는 희망을 갖게 된다.

성서를 읽고 설교하는 가운데 하나님의 백성으로서의 그 공동체의 역사, 그리고 그 공동체의 미래가 모두 선언된다. 말씀의 예배는 그 예배 속에서 공동체로 하여금 하나님이 그들을 위해 하신 일, 곧 그리스도의 사역에서 정점을 이룬 일에 대해 새롭게 기억하게 하는 기억의 예배다. 그러나 자신의 사역으로 공동의 기억들을 만들어내시는 하나님은 또한 우리의 예배 안에 지금 함께하시며, 우리가 하나님이 과거에 하신 일을 회상하는 가운데 그리고 그 회상을 통하여 활동하신다. 이 동일하신 하나님이, 일용할 양식을 위해 간구하고 궁핍과 고통 가운데 있는 이들을 위하여 탄원하는 기도를 들으신다.

말씀의 예배의 중심에는 음성 언어를 매개로 하는 기독교 공동체와 하나님의 대화가 있다. 하나님은 공동체에게 성서 독서와 설교로 말씀하시고, 그 공동체는 시편들과 다양한 찬송들을 통하여 하나님께 말한다. 이 말씀과 노래를 통한 하나님과의 만남에서는 '듣기'가 가장 중요하다. 실제로, 어떤 때는 "하나님의 말씀을 들어라"라는 구절을 외친다. 이 모든 것은 소리 내어 말하는 일이며, 이런 형태의 예배는 말하고 듣는 언어에 크게 의존한다.

이 말은 또한 매우 시각적이라는 사실을 잊어서는 안 된다. 말하는 사람이 보여야 하며 또한 그 소리가 육체에서 분리된 것처럼 보이지는 않아야 한다. 비록 목소리가 큰 사람이라 하더라도 가능한 한 말하는 사람이 누구인지 식별할 수 있어야 한다. 말하는 사람은 입으로만이 아니고 온몸으로 말한다. 사람은 성서 독서Scripture lesson를 해석 없이 읽을 수 없으며, 많은 해석이 몸짓 언어를 통하여 이루어진다. 독서자와 설교자는 회중에게 가장 효과적인 전달자로서 충분히 나타나야 한다. 그들의 현존이 충분히 나타나려면 가시성可視性과 가청성可聽性이 필요하다. 어떤 교회들에서는 성서 독서를 위해 입당 행진이나 또는 복음 행진을 통해 독서용 성서를 운반하는 행동들을 하는데, 그 모든 것을 잘 이해하기 위해서는 잘 볼 수 있어야 한다.

또한 말씀의 예배는 비록 그 초점이 독서와 설교에 있다 하더라도, 예배 공간 계획에서 고려해야 할 다른 요소들도 포함한다. 대부분의 경우에는 **입당 의식**이 있다. 이것은 통상적으로 공동체의 모임을 비롯하여, 찬양대와 성직자의 행진, 집례자의 인사, 찬송 성가, 다양한 개회기도, 그리고 때로는 그 밖의 찬양

행위들을 포함한다. 이들은 1장에서 설명한 공간들 외에도 많은 다른 공간이 필요함을 의미한다.

만일 집례자가 회중에게 인사를 한다면, 그는 보통 설교대나 집례자의 자리 또는 성찬상 앞의 공간, 즉 성찬상과 회중 사이에서 회중을 향해 설 것이다. 집례자는 광고, 축복, 감사기도를 하는 동안에도 성찬상 앞에 서게 될 것이다. 어떤 교단에서는 목사가 이때 성찬상에 접근하며, 다른 전통에서는 그 후에 성찬상에 접근한다. 따라서 분명히 가장 먼저 요구되는 공간은 성찬상 앞 공간이다.

예배의 핵심은 보통 간주음악과 함께 이루어지는 **하나님 말씀의 독서와 설교**다. 회중은 노래하거나 복음을 듣기 위하여 일어설 것이다. 그러나 독서나 설교를 하기 위하여 설교대로 가는 몇 사람을 제외하면, 움직임은 사실상 종료된다. 회중의 관심은 예배의 절반에 이르기까지 설교대 한 곳에 집중된다.

독서나 설교 후에는 보통 다양한 형태의 **말씀에 대한 응답**이 뒤따른다. 교파마다 그리고 주일에 따라 다양하지만 여기에는 흔히 신앙고백이나 찬송, 기도 또는 환영이 포함된다. 예배의 이러한 행동들은 어떤 지점에서 인도될까? 그것은 설교대일 수도 있고 집례자의 의자나 성찬상 앞일 수도 있다. 이때에 종종 세례와 견진, 그리고 환영이 이루어진다(이러한 행동들을 위한 적절한 공간은 4장에서 논의할 것이다).

말씀의 예배의 이 부분은 자주, 다른 사람을 위한 기도와 청원기도 그리고 참회기도로 구성된다. 이러한 기도들 중에 어떤 것은 회중 가운데 있는 어떤 사람들이 인도할 것이다. 그렇다면 그들은 자기 자리에 있어야 하는가, 통로에 서 있어야 하는가, 또는 앞쪽으로 나와야 하는가? 인도하는 기도 소리가 들리도록 이동식 마이크가 필요한가? 목사는 모든 사람이 들을 수 있도록 중보기도를 반복해야 하는가? 이 점에서 자주 가청성이 문제가 되며, 주의 깊은 계획이 필요하다. 집례자가 홀로 또는 한 목소리로 이 모든 기도를 인도한다면, 그가 어디에 있을 때 가장 잘 들릴 것인가? 어떤 사람은 설교대를 사용할 것이고 다른 사람은 성찬상의 앞이나 뒤에 서기를 좋아할 것이다. 용서의 선언은 회중을 향하여 성직자가 서서 선포하는 행동일 것이다. 용서하시는 하나님의 뜻이 선포되는 것으로 이를 듣고 보도록 하기 위해서는 어느 위치가 최상일까?

많은 교회에서, 예배의 이즈음이나 다른 때에 '평화의 인사'를 한다. 회중은 이를 위해 많이 움직일 필요는 없다. 그러나 성직자는 맨 앞 열의 좌석에 신속하게 접근할 필요가 있을 것이다. 때때로 성직자나 회중 안의 회원들이 비공식적으로 알리는 말(광고 사항)을 전할 때가 있다. 이 일에는 확성장치가 필요하다.

　때때로 이때 헌금을 드리는데, 사람들이 그 헌금을 전달할 적당한 방법을 찾아야 한다. 만일 많은 헌금위원이 이 일을 진행한다면, 성찬상을 향해 나아갈 넓은 계단을 두어야 한다. 감사의 기도는, 성찬이 기념되지 않을 때에는, 성찬상 뒤에서 드려도 좋다.

　예배는 항상 간단한 **폐회의 순서**를 가진다. 이것은 기도와 찬송, 파송과 축도, 찬양대와 성직자의 퇴장, 회중의 흩어짐을 포함할 것이다. 여기에 다시 집례자가 회중을 대면하여 서 있을 공간―보통은 성찬상 앞―이 필요하다. 그리고 공동체가 떠날 때 '이동 공간'과 '모이는 공간'이 다시 기능을 할 것이다.

　어떻든, 말씀의 예배에 대한 이 간단한 논의는 우리에게 예배에서 얼마나 많은 공간과 중심들이 활용되는지를 생각하게 한다. 그것들이 얼마나 잘 기능하느냐는 회중의 필요가 얼마나 잘 고려되었는가, 그리고 건축가가 적합한 공간을 제공할 수 있도록 그 필요가 얼마나 잘 표현되었는가에 달려 있다.

　주보나 예배서에서 찾아볼 수 있는 통상적인 주일 아침 예배 순서의 각 항목에 대해 이러한 질문들을 해보면 도움이 될 것이다. 이 순서를 누가 맡는가? 우리는 그것을 어떻게 하는가? 그 일은 어디에서 가장 잘 이루어질 수 있는가? 특별한 경우에는 그것을 어떻게 다르게 하는가? 그러면 우리는 '말씀의 예배'를 위해 필요한 사항들의 목록을 만드는 것이 가능하다.

말씀을 위한 장소들

말씀의 예배를 위해 몇몇 구별된 장소들과 중심들이 필요하다. 우리는 이 유형의 예배에서 특별히 중요한 세 가지에 대하여 초점을 맞출 것이다. 그것은 설교대pulpit와 집례자의 의자president's chair, 그리고 성찬상altar-table 앞의 공간이다(어떤 예전학자들은 설교대를 ambo라고 부른다). 물론 이들은 여러 가지 다른 형태로 기능하기도 한다.

설교대의 디자인과 위치에 대한 몇 가지 중요한 고려 사항은 말씀의 예배를 인도하고 경험하는 데 중요한 영향을 준다. 거기서 예배의 다른 부분들이 인도되기도 하지만, 그 최우선적인 기능은 하나님 말씀의 독서와 설교를 위한 중심이다.

오늘날 많은 교회가 설교대와 성서낭독대lectern를 둘 다 가지고 있지만, 건물을 신축하거나 개축할 때 이 성서낭독대를 그대로 유지하는 것이 바람직한지를 결정해야 한다. 현재의 경향은 성서낭독대와 설교대 둘 다를 설치하지는 않는 쪽으로 흐르

고 있다. 지금 많은 개신교 교회에서 사용하고 있는 성서낭독대
는 중세 빅토리아 시대 교회건축의 잔재다. 성서낭독대는 중세
수도사들의 매일 예배를 위하여 기능적으로 훌륭한 의미가 있
었다. 그 후에 그것은 19세기에 조합된 예배 중심(설교대, 독서대,
그리고 교회 서기의 책상)의 한 부분으로 재배치되었다. 하나의 독
립된 요소로서 그 주된 건축적 기능은 성단소chancel의 다른 쪽
에 있는 설교대와 균형을 이루기 위한 것으로 보인다. 예배의
한 중심으로서 그것은 성서 읽기lessons를 위해 사용되었지만,
설교를 위해서는 무시된 채 거의 사용되지 않았다. 분리된 성서
낭독대는 오늘날 그 역사적 의미가 거의 없어졌다.

　설교대와 성서낭독대가 분리되는 것은 신학적으로는 더욱
더 의미가 없다. 성서일과lectionary가 광범위하게 사용되고, 더욱
이 주해적인 설교가 보편화되면서, 성서와 설교에서 하나님 말
씀의 통일성을 보다 더 분명하게 추구하는 경향이 있다. 설교대
와 성서낭독대를 분리시키는 것은 우리가 강조하기보다는 피
하려고 하는 구별을 보여준다. 한 장소(성서낭독대)에서 하나님
의 말씀을 읽고 나서, 그 이해를 위해 다른 장소(설교대)로 가서
성서를 펴는 것은 잘못된 신학이며, 비생산적인 노력이다.

　본질적인 것을 강조하고 비본질적인 것을 피하는 것은 건축
적으로나 예전적으로나 그 의미가 보다 명확하게 드러나게 한

다. 대칭성은 특별히 추구되어야 할 것은 아니다(빅토리아풍에서는 그렇지 않지만). 어떤 교회들은 성서낭독대 대신에 세례반을 두어 더 기능적인 균형을 취했다. 성서낭독대에 소비되는 돈은 더 좋은 목적들을 위해 사용할 수 있다.

설교대의 디자인과 관련하여 여러 가지 선택을 할 수 있다. 작은 독서대로부터 설교자가 그 안에 서 있을 수 있는 육중한 통 같은 설교대까지 역사적으로 다양한 예가 있었다. 조지 왕조풍의 미팅하우스에 있던 설교자를 둘러싼 '포도주 잔' 모양의 설교대는, 많은 경우에 복음주의 설교자들이 강단 위에서 왔다 갔다 하면서 설교할 수 있도록 책상형 설교대로 대체되었다. 최근에 선호되는 설교대는 단지 성서와 설교자의 노트나 원고를 올려놓기에 충분한 정도의 크기를 가진 좀더 소박한 구조를 지닌 것들이었다. 기본적으로 설교대 디자인의 초점은 책과 원고를 올려놓을 수 있고 보통은 약간 경사진 선반이다. 설교대의 다른 부분은 단지 지지대일 뿐이다. 편의상, 설교자가 인용할 다른 책들이나 물 컵 또는 시계를 올려놓을 숨겨진 선반이 있을 것이다. 어떤 설교자는 적절한 크기의 이동식 설교대를 좋아한다. 그러나 그런 설교대는 너무 옹색해 보이거나 그 위치가 너무 임시적일 수 있는 위험이 있다.

설교대의 스케일(크기)은 중요한 문제다. 최근, 설교는 결코

'모순이 없는 것'이라고 생각하게 만들었던 크고 권위적인 설교대를 회피하는 현상이 나타나고 있다. 지나치게 높은 설교대를 피하려는 요구가 있어왔고(어떤 식민지 교회의 설교대는 그 높이가 3.5미터나 되었다), 설교는 군림하는 활동 같기보다는 좀더 민주적인 활동이 되었다. 동시에, 교회의 맨 뒤에서도 설교자를 볼 수 있을 만큼 충분한 높이가 필요하다. 신중한 계획을 세워 설교대를 지나치게 높이지 않으면서도 가시성을 충분히 확보할 수 있을 것이다. 설교대는 하나님의 말씀을 위압적으로 선포하는 모습이 아니라, 섬기는 모습으로 나타나야 한다.

성서(성서일과 또는 복음서) 자체와 설교하는 행동은 시각적으로 서로 밀접하게 연합되어야 한다. 이는 설교대의 전면에 작은 받침대를 두어, 성경을 봉독할 때 이외에는 여기에 성서를 올려

그림 5

놓음으로써 성취할 수 있다(그림 5). 독서를 위하여 성서를 설교대 위로 옮기는 행동과 설교 직전에 그 성서를 회중이 볼 수 있도록 되돌려놓는 것은 설교와 성서 봉독 사이의 연결을 설득력 있게 표현하는 방법이다. 성서를 위한 장소로는 성서가 특별한 기능을 하지 않는 성찬상 위보다

는, 오히려 그것이 사용되는 설교대가 적절하다.

성서를 보여주는 선반을 가진 설교대를 디자인함에 있어, 책은 위로 똑바로 펼쳐져 있을 때 가장 잘 보이는 것이 아니라는 점과 설교대에 올려놓을 성서가 제본이 잘돼 있고 보기에 좋아야 한다는 점을 명심해야 한다.

몇 가지 실제적인 부분들도 주의해야 한다. 설교자들의 키가 각각 다르기 때문에 설교대의 상판의 높이가 조정될 수 있거나 설교자가 설 위치에 이동식 발판을 준비하는 것이 필수적이다. 조명도 중요한데, 설교자의 얼굴에 그림자가 드리워지지 않도록 조심스럽게 디자인해야 한다. 잘못된 조명은 인자한 설교자의 모습을 사탄처럼 보이게 만들 수 있다. 마이크가 필요하다면, 가능한 한 눈에 띄지 않게 해야 한다. 매력적인 마이크란 존재하지 않기 때문이다. 때때로 설교자의 옷에 부착하는 작은 마이크가 더 좋을 수도 있다.

설교대의 위치는 회중 공간과 찬양대 공간의 배열에 따라 정해진다. 설교자는 찬양대를 포함하여 그의 설교를 듣는 모든 사람을 볼 수 있어야 한다. 다음과 같은 진부하지만 유용한 슬로건이 있다. "당신이 그들의 눈의 흰자위를 볼 수 있을 때까지는 설교를 시작하지 말라." 설교자는 설교 노트만큼이나 회중의 얼굴을 볼 필요가 있고, 회중은 설교자의 얼굴과 손을 볼 필요

교회건축과 예배 공간

가 있다. 우리는 잠시 후에 이 설교대의 위치에 대한 문제를 다시 살필 것이다.

두 번째 예배 중심인 집례자의 의자는 더 신중히 다룰 문제다. 성서를 올려놓고 독서와 설교의 장소로 사용할 설교대가 필요하다는 점에는 모든 사람이 동의한다. 이에 대해서는 어떤 교단에서도 반론이 없다.

그러나 중요한 예배 중심으로서의 집례자의 의자는 예배를 탈성직자화하려고 시도하는 로마 가톨릭 교회의 새로운 접근을 나타내는 새로운 발전이다. 집례자의 의자를 명백한 예배 중심으로 만드는 근본적인 이유는, 집례자가 서 있지 않을 때, 그는 예배의 리더십을 독서자나 기도 인도자, 또는 음악가들에게 위임하고 있는 것이기 때문이다. 이것은 상징적인 이동처럼 보이지만, 많은 사람이 예배의 리더십에 참여한다는 것을 인정한다는 점에서 매우 의미심장한 일이다. 이렇게 로마 가톨릭에서 집례자의 의자의 중요성은 간과할 수 없다. 그것은 왕좌를 의미하는 게 아니라, 모든 회중에게 충분히 잘 보이는 보다 검소한 좌석을 의미한다.

반면에, 많은 개신교인들에게 집례자의 의자는 모두 너무 고통스러운 기억이었고, 그래서 수많은 예배당을 개조할 때 이를 제거하려고 노력해왔다. 19세기로부터의 유산에서는 통상

강단 위에 세 개의 의자가 회중을 향해 있었다. 그중 중앙에는 집례자의 의자가 있고 그 좌우에 방문 설교자의 의자와 찬양 인도자의 의자가 있었다. 으뜸가는 개조 대상은 크고 장식적이고 보기 흉한 이 의자들이었고, 그 결과 오늘날 성직자들은 통상적으로, 따로 놓여 있는 찬양대 의자에서 회중을 향하기보다는 강단의 중심을 향해 자리 잡고 앉는다. 이것은 아마도 한때 너무 두드러지고 너무 위압적이며 잘 들어맞지 않는 위치에 있던 이 지나친 장애물에 대한 보상일 것이다.

성직자의 자리에 대한 개신교의 경험은 로마 가톨릭에게는 어떤 가치가 있는가? 그리고 집례자석에 대한 로마 가톨릭의 새로운 배열은 단순히 일시적인 것인가? 이러한 질문들은 명백하게 답하기 어려운 질문들이다. 여기서 배울 수 있는 것은 궁극적으로 사회통제social control에 대한 관심들이다. 아이러니하게도, 로마 가톨릭에서 사제들을 위해 하나의 의자를 추가하는 것이 사회통제의 감소를 나타낼 수 있는 반면에, 개신교 목사를 위한 의자를 숨기는 것도 같은 영향을 나타낼 것이다. 물론 로마 가톨릭이든 개신교든 모든 성직자가 지배를 기초로 하지 않는 리더십 스타일로 바꾸는 것을 좋아하는 것은 아니며, 어떤 이들은 전 예배 과정을 통틀어 서 있어야 한다고 주장할지도 모른다. 사람들은 통상적으로 자리에 앉아 있는 동안에는 리더십의 역할을 위임하고 있다고 할 수 있다. 건축위원들과 성직자들은 성직자의 좌석에 대한 토론을 진행하기 전에 그들의 목사 또는 사제가 예배에서 얼마나 주도적이어야 하는지에 대한 어려운 질문을 스스로 할 필요가 있다. 여기서, 누가 예배를 '수행'할 것인가 하는 대단히 중요한 문제가 제기된다.

어떤 경우든, 몇 가지 실질적인 문제들이 대두된다. 성직자 좌석을 위한 요구는 언제나 존재할 것이다. 어떤 이는 찬양대석과 비슷한 장의자stall나 찬양대 공간의 일부를 선호할 것이다. 보다 근본적으로 접근하는 경우에는, 다른 사람이 설교하거나 찬양할 때에 목사는 가족과 함께 회중의 공간에 앉아 있을 수도 있다. 이것은 너무 많은 움직임을 포함하고 그래서 혼란을 일으킬 수 있기 때문에 작은 예배당에서만 가능하다. 아마도 회중을 대면할 수도 있고 그렇지 않을 수도 있는 수수한 이동식 의자들이 더 나을 수 있다.

덧붙여, 여러 명의 리더들이 앉을 필요가 있을지도 모른다는 점을 고려해야 한다. 종종, 집례는 한 사람이 하더라도, 여러 명의 목사들이나 사제들이 예배의 각 순서에서 다양한 역할을 수행한다. 어떤 전통에서는 (특히 성만찬에서) 중요한 역할을 수행하는 장로들이나 집사들을 위한 좌석이 제공되어야 한다. 가끔 평신도 독서자들과 기도 인도자들, 복사들, 찬양 인도자들, 그리고 그 밖에 다른 사람들을 위한 좌석도 필요하다. 따라서 그런 사람들이 통상적으로 얼마나 많은지와 그들이 자신의 역할을 위해 어디에 자리를 잡는 것이 가장 좋은지를 결정해야 한다.

다른 의자들로부터 명백히 구별되고, '말씀의 예배'의 리더십을 위한 중심들 중의 하나로 사용되는 적절한 집례자의 의자를 만들 경우, 그것은 분명히 평범한 의자여야 하며, 높은 배경이나 닫집 모양의 차양을 가진 옥좌가 아니어야 한다. 적당한 조명을 그곳에 비추어야 하며, 가까이에 마이크 연결단자가 필요하다.

미국의 성공회 교회들에서는 주교가 방문 시 앉을 주교석을 두는 오랜 전통을 가지고 있다. 통상적으로 이 의자는 인상적이지만, 회중을 향해 있지는 않다. 그것은 비어 있을 때는 무시될 수 있다. 이 관습은 대체로 미국에 국한된 것으로 보인다. 그리고 주교석은 아마도 집례자의 의자로 대치될 수 있을 것이며, 주교가 거기에 앉을 수도 있을 것이다.

집례자의 의자는 (특히 비어 있을 때는) 설교대나 세례반 또는 침례조 같은 말씀이나 성례전의 상징이 아니라는 점을 명심해야 한다. 집례자의 의자는 사람들의 시선을 끌기 위해 이런 구조물들과 경쟁해서도 안 된다. 상징은 의식을 집행하는 사람 자체이며, 그 사람은 그의 의자나 어떤 한자리에 매여 있지 않다. 비어 있는 의자는 아무것도 의미하지 않는다. 설교대는 그 위에 성서가 놓여 있고, 세례반은 물을 담고 있으며, 그 성서와 물은 성스러운 용도로 사용된다. 그러나 적당한 집례자의 의자는 예배가 보다 참여적 형태로 변화하는 표시가 될 것이며, 이는 개신교와 로마 가톨릭 공동체들에 의해 환영받을 것임에 틀림없다.

세 번째 관심은 성찬 공간, 특히 성찬상 앞의 공간이다. 이것은 예배를 인도하는 사람이 회중에게 인사하고, 광고를 하거나, 봉헌물을 받는 자연스러운 위치다. 간단히 말하면, 이곳에서 인도자는 회중에게 "서로에게 화해와 사랑의 인사를 나눕시다"와 같은 말을 대화로나 구두 전례문으로 말한다. 또한 이 공간에서 기도, 특히 열린 기도들을 통해 하나님께 말하기를 실행할 수 있을 것이다. (대부분의 로마 가톨릭 교회들에서 그러한 인사나, 기도, 그리고 광고들은 집례자의 의자에서 이루어진다.)

어떤 교회들에서는 때때로, 성직자가 회중의 연도litany•를 인도하는 동안 무릎 꿇을 수 있도록 연도대 또는 휴대용 기도상을 이곳에 설치한다. 만일 회중으로부터 중보기도자들이 앞으로 나온다면 그들은 기도를 인도하기 위하여 이곳을 사용할

• 호칭기도, 연도, 탄원기도로 보통 성직자가 인도하고 회중이 따라 하도록 되어 있다.

것이고, 치유의 예식들 중에도 이 공간이 사용될 것이다.

이 공간을 위해 몇 가지 요구되는 사항들이 있다. 성찬상의 앞 공간은 회중의 공간으로부터 직접 접근이 가능해야 한다. 계단이 있는 곳에서는, 여러 사람이 모이는 경우들을 위하여 계단의 전면을 넓게 확장해야 한다. 이 계단들은 측면에 두기보다는 전면에 두어 회중을 대면해야 한다. 시각적으로 이것은 환대와 참여의 중요한 표시다.

많은 예배가 이 장소에서 인도되므로 조명이 적당해야 하고, 바닥에는 마이크를 위한 콘센트가 설치되어야 한다. 이곳에는 촛대 외에도 꽃꽂이나 화분에 심은 식물들이 배치된다. 강림절 화관이나 크리스마스트리 또는 장식, 부활절 꽃들, 부활절 초와 같은 절기 장식품들을 놓아둘 만한 충분한 공간이 있어야 한다. 이 공간은 복잡해 보이지 않도록 충분히 넓어야 한다.

공간의 배열

마지막으로 우리는 이들 세 개의 중심들과 공간들이 회중의 공간과 어떤 식으로 관련되어야 하는지를 알아볼 필요가 있다. 이 세 곳 모두로부터의 가시성과 가청성이 반드시 확보되어야 하고, 특히 설교대를 향한 시선은 특별히 중요하다. 180도의 원호 안에서 좌우의 끝에 멀리 있는 사람들에게 설교하는 것은 매우 어렵다. 설교자는 그 끝에 있는 사람들을 보거나 그들을 대면하기 위하여 계속해서 몸을 돌려야만 한다. 135도를 넘지 않는 호 안에 회중석이 배치되고, 그중 90도 안에 회중의 대부분 있는 것이 설교하기에는 더 좋다(그림 6).

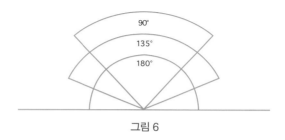

그림 6

그러한 배열은 최상의 눈 맞춤을 가능하게 한다. 최근 몇몇 건물에서 그 각도를 줄이기 위하여 회중석의 가장자리로부터 설교대를 뒤로 후퇴시켜, 종종 성찬상의 한쪽 옆이나 뒤, 때로는 주축 상에 설교대를 두는 경향이 나타나고 있다. 설교를 위해 디자인된 뉴잉글랜드 미팅하우스에서는 설교대를 항상 벽에 붙여서 가능한 한 그 각도를 줄인다. 오늘날 교회에서도 비슷한 위치가 더욱 권장되어야 한다.

만일 발코니나 갤러리들이 있다면 다른 문제가 발생한다. 통상 설교대가 모든 회중에게 잘 보이도록 좀더 높이 설치해야 한다. 그러나 그 높이는 발코니에 있는 사람들이 설교자의 얼굴이나 손을 볼 수 있는 정도로 제한되어야 한다.

찬양대석의 위치를 정할 때에는 찬양대원들에게 설교자의 등이 보이지 않도록 주의해야 한다. 종종 일어나는 일인데, 설교 전에 찬양대가 이동할 필요가 없어야 한다.

설교대의 위치에 대하여 우리가 말한 대부분은 집례자의 의자에도 마찬가지로 적용된다. 집례자의 시야 각도가 좁을수록 회중과의 눈 맞춤은 더 좋아진다. 이 각도를 좁히기 위해서는 집례자의 의자를 뒷벽에 붙여놓는 것이 유리하다. 반대로, 성찬 공간은 접근성과 근접성이 중요한 고려 사항이므로 회중 가까이에 둘 필요가 있다.

말씀의 예배는 교회의 유일한 예배 유형이 아니다. 우리는 단지 듣기만을 위한 강당을 짓는 것이 아니라, 또한 성례전을 거행할 장소를 짓는 것이다. 이것은 모든 교회 건물이 성례전을 위한 가장 적합한 공간과 말씀의 예배를 위한 가장 적합한 공간 사이의 타협의 산물임을 의미한다. 타협은 피할 수 없다. 어떤 회중은 실제로 말씀의 예배와 주님의 식탁 예배를 위해 분리된 두 개의 공간을 만든다. 그래서 그들은 예배 중에 한 공간에서 다른 공간으로 이동한다. 그러나 대부분의 회중은 이 두 가지 유형의 예배 모두를 위한 동일한 공간을 사용할 것이다.

설교 공간의 가장 중요한 개념은 말하는 사람으로부터 듣는 사람까지의 수평적인 직선이다. 우리는 그러한 공간을 위해, 말하는 사람의 소리의 경로를 따라 정렬된 수평축을 가진 그림을 그려볼 수 있다(그림 7).

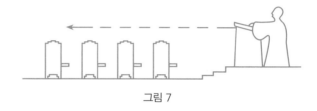

그림 7

반면에, 성례전을 위한 공간 개념은 성찬상이나 세례반 또는 침례조를 중심으로 하는 수직선이다(그림 8). 사람들은 집례자를 중심으로 중앙 집중적인 형태로 모이며, 집례자의 동작은 오직 그가 팔을 벌려 닿을 수 있는 범위 안에서 이루어진다. 이렇게 성찬을 위한 모임은 성찬상 주위에 무릎 꿇거나 서고, 세례의 모임은 물을 중심으로 모인다. 집례자는 동심원의 중심에서 수직축을 이룬다.

우리는 어떻게 하나의 건물에서 이들 두 가지 유형의 예배

2장 말씀의 예배를 위한 장소

그림 8

가 조화롭게 이루어지게 할 수 있을 것인가? 이는 쉽지 않은 일이며, 모든 교회의 공간은 이들 수평축과 수직축 사이, 본질적으로는 설교대와 성찬상 사이의 타협을 통해 구성된다. 회중은 각 유형의 공간이 지니는 상대적 가치를 결정해야 하며, 설교가 분명하게 보이고 들릴 수 있고, 동시에 사람들이 성찬상 주위에 모여 있다고 느낄 수 있도록 가능한 한 가장 적절한 절충안을 찾아야 한다. 한 유형의 예배를 위해서는 건물이 다소 불완전하더라도, 모든 유형의 예배를 함께 고려할 때 우리는 가능한 한 가장 나은 건물을 기대할 수 있을 것이다.

교회건축과 예배 공간

3
주님의 만찬을 위한
장소

기독교의 성례전을 위한 공간은 말씀의 예배를 위한 공간과는 전혀 다른 건축 디자인을 요구한다. 우리가 성례전sacraments 또는 성례식ordinance이라고 부르는, 이 거룩한 행동들을 중심으로 이루어지는 예배를 위해서는 필연적으로 공간의 다른 개념들이 요구된다. 우리가 주님의 만찬 자체에 대해 논의하기 전에, 먼저 이런 형태의 예배를 위하여 사용되는 공간의 몇 가지 특성들을 탐구해야 한다.

다양한 교단들이 서로 다른 방법들로 주님의 만찬을 기념하며, 한 교회 안에서 차이가 발생하기도 한다. 그러나 이 다양성들은 동일한 성서적 기반에서 유래한 행동의 유사성을 기초로 하고 있다. 따라서 로마 가톨릭 교회의 미사와 침례교의 주님의 만찬 예식에서 이루어지고 있는 것을 동시에 분석하는 것이 가능하다.

근래에는 예배를 위한 가장 바람직한 건축적 배열들과 가구들이 교단에 관계없이 매우 비슷해졌다. 우리는 개별 교단들의 특별한 요구 사항들을 언급하면서, 가장 적절하다고 생각되는 일반적인 공간들과 가구들을 제시할 것이다.

성례전 일반

　모든 교회들이 sacrament(이하 성례전이라고 번역함)라는 용어를 사용하지는 않는다. 또한 얼마나 많은 예식에 대해 이 특별한 용어를 적용해야 하는지에 대한 동의도 없다. 많은 그리스도인들은 세례와 주님의 만찬을 위해 ordinance(이하 성례식이라고 번역함)라는 용어를 사용하고 있다. 이 용어는 또한 기독교 결혼 예식이나 장례식 같은 예식에 대해서도 사용된다. 로마 가톨릭은 세례baptism, 견진confirmation, 성체eucharist, 성품ordination(혹은 신품으로 번역), 혼인matrimony, 고해reconciliation, 병자 성사anointing of the sick, 이렇게 일곱 가지를 성례전성사에 포함시킨다. 반면에 대부분의 개신교인은 성례전이란 용어를 세례와 주님의 만찬에만 적용한다. 그러나 우리는 여기서 이 용어를 넓은 의미로 사용할 것이다. 이 장의 상당 부분은 기독교 장례식과 같이 더 이상 성례전으로서 간주되지는 않지만 비슷한 성격을 가지고 있는 다양한 예식들에 대해서도 적용된다.

　이러한 서로 다른 형태의 예배들은, 말보다는 행동과 사물들에 초점을 맞춘다는 점에서 공통된 요소들을 가지고 있다. 말씀의 예배의 초점이 보고 듣는 데 맞추어지는 반면, 성례전 예배의 초점은 행동에 있다. 사람들은 서로 고개를 숙여 절하거나 반지들을 교환함으로써 자신을 내준다. 사람들이 물로 씻겨지고, 빵이 쪼개지며, 고인에게 작별을 고한다. 이들 각 의식에서도 말이 사용되지만, 그 진정한 중심은 예배 공동체 한가운데서 이루어지는 의미 있는 행동이다. 공동체는 이 행동 속에서 그 공동체 가운데에 계신 하나님의 임재를 경험한다.

이런 의미에서 성례전은 상징행동sign-act이다. 우리는 헌신의 수단으로서 정해진 행동들을 함으로써 하나님을 경험할 수 있다. 이러한 행동들은 그처럼 효과적인 사인들이며, 그것들이 의미하는 것을 성취한다. 세례는 죄를 씻음 받은 것만을 묘사하는 것이 아니라, 세례 받은 사람들이 죄 용서를 받은 사람들로서 하나님과 그리고 서로 새로운 관계를 맺는 것이다. 결혼 예식에서는 서로에게 자신을 내어줌으로써 두 사람은 새로운 실재, 곧 그리스도인의 결혼을 창출한다.

효과적인 표식으로서 성례전은 전체 공동체의 경험과 관련된다. **우리는 성례전을, 그리스도인 공동체 전체가 그 안에서 부활하신 그리스도의 현재적 사역을 경험하는 행동들이라고 정의한다.** 이러한 행동들은 시간의 경과 속에서 기능하면서 그 공동체 안에서 하나의 역사를 만들어낸다. 이 행동들은 또한 그 안에서 기독교 공동체가 부활하신 그리스도의 현재적 행동을 경험하는 사건들로서 보편성을 가진다. 그것들은 공동의 경험들이며, 각 지역 공동체로 하여금 공간과 시간을 초월하여 모든 다른 공동체들과 관계를 맺게 한다.

성례전 예배와 관련된 어떤 분명한 건축적인 함의들을 찾을 수 있다. 성례전에서 그리스도의 현재적 활동을 경험함에 있어 그 중심 요소들은 바로 행동들이다. 그리스도가 그의 사역자들을 통하여 행동하고 계시지만, 그 행동들은 인간들에 의해 수행된다. 이는 스케일이 언제나 인간의 신체를 기준으로 삼고 있어야 함을 의미한다. 즉 180센티미터 정도의 키와 이와 거의 비슷한 길이의 팔 벌림이 행동의 기준이 된다. 인간의 몸은 세례반이나 침례조, 성찬상, 관 등 성례전과 관계있는 모든 것의 크기를 결정한다. 만일 성례전이 신학적 의미에서, 하나님의 인간적인 측면을 그리고 우리와의 관계에 대한 하나님의 관심을 반영한다면, 이것은 건축적 의미에서도 마찬가지이며, 성례전을 이루는 모든 것은 인간의 신체 치수들에 따라 그 크기가 정해진다. 따라서 성찬상은 건축적 기념물이나 공간적 초점이 아니라, 성찬상을 사용하는 인간에게 그 크기를 맞춘 하나의 가구다.

인체의 스케일을 우선적으로 고려해야 한다면, 사람들이 몸을 어떻게 움직이는지에 대하여 알아야 한다. 대부분의 성례전은, 집례자들이 빵과 포도주를 건네고, 물을 붓거나 뿌리거나 물에 잠기게 하고, 두 사람의 손을 한데 모으게 하기 위해 팔을 벌리고 손을 내뻗는 행동의 범위 안에서 이루어진다. 인간의 목소리는 자연적인 방법으로 수십 미터 이상 나아갈 수 있고 인공적인 방법으로 더 멀리 전달될 수 있지만, 팔은 늘일 수 없기 때문에 사람들이 집례자에게 나아가야만 한다. 그러므로 성례전 행동의 핵심은 모이는 것으로, 만일 전체 공동체가 그렇게 하지 못한다면, 각자가 집례자의 팔이 닿는 범위 안으로 나아오는 일이다. 멀리 떨어져 있는 사람에게는 기름을 부을 수도 없고, 원격조정으로 손을 얹을 수도 없다. 그래서 우리는 말씀의 예배에서 함의되는 것들과는 전혀 다른 공간 개념을 다루어야 한다.

가시성, 근접성, 접근성은 성례전 예배를 위한 공간의 배열에서 우선적으로 고려해야 할 문제다. 공동체 안의 모든 사람들은 집례하는 사람의 행동을 볼 수 있어야 한다. 빵을 떼는 것은 보일 때만 의미 있는 행동이다. 결혼식에서 두 사람이 혼인서약을 할 때 우리는 그 증인들로서 모인다. 세례를 통해 새로운 그리스도인들이 탄생하는 데 참여하려면, 세례반이나 침례조 안으로 물이 튀기거나, 뚝뚝 떨어지거나, 폭포수처럼 부어지는 것을 모두가 보고 들을 수 있어야 한다. 왜냐하면 구원은 물이 피부에 닿을 때 느껴지기 때문이다. 모든 회중은 이 행동에 동참한다. 사람들은 거기서 무슨 일이 일어나는지를 보고 듣기에 충분할 만큼 가까이 있어야 한다.

우리는 어떤 사람의 행동에 가까이할수록 더 친밀해진다. 사람들이 정치적인 집회에 참석하는 것은 후보들에게 직접 접근하기 위함이며, 방송매체를 통해서는 잘 볼 수 없는 그 실체를 직접 보기 위해서다. 근접성은 보다 직접적이고 친밀하고 실제적으로 참여하게 만든다. 이처럼 어떤 경험의 강도는 그 행동에 대한 근접성에 의해 직접적으로 영향을 받는 경향이 있다. 우리의 모든 감각은 근접성에 의해 영향을 받는다. 우리가 그 행동에 더 가까울수록, 그 행동은 우리 존재의 한 부분이 된다.

긴 터널과 같은 예배실은 근접성과는 정반대다. 발코니들도 마찬가지다. 특히 공동체가 성찬상에 모일 때 더욱 문제가 된다. 거대한 발코니를 가진 교회는 계단을 오르내리는 데 많은 시간을 빼앗기기 때문에, 대부분 성례전의 거행을 기피하고 예배를 설교에 국한시킨다.

접근성은 필수적이다. 회중은 계단이나 모여드는 사람들에 의해 방해받지 않고, 빵과 잔을 분배하는 사람들의 팔이 미치는 범위 안으로 접근해야 한다. 불행히도 많은 교회는 건물의 설계가 잘못되어 그 실행에서 예배자들의 접근을 불편하게 만든다.

성례전을 중심으로 한 예배당의 패러다임은 기본적으로 중앙 집중식 공간, 즉 공동체가 세례반이나 성찬상 주위에 모이고 거기서 집례자에게 접근하는 공간이다. 그 공간은 예전적 행동의 초점이 맞춰져 있는 특정한 예배 중심을 통과하는 수직축을 가진다. 교회는 말씀의 예배를 위한 기능들도 가지고 있기 때문에 분명히 타협이 필요하다. 성례전은 무엇보다도 우리가 지닌 감각과 관련 있는 중요한 행동들이기 때문에, 우리가 그 성례전에 참여하는 정도는 주로 성례전을 거행하는 공간의 형태에 의해 결정된다.

행동들은 그 의미 전달에서 가끔 말보다 더 모호하다. 그래서 성례전은 다의적多意的이며 많은 메시지를 전달한다. 우리는 세례 안에서 정결케 됨과 그리스도 공동체와 연합됨을 경험할 수 있다. 그러나 각각의 경험의 상대적 강도는 공간과 가구의 디자인에 의해 형성될 것이다. 각각의 성례전에는 많은 다른 의미들이 포함되어 있기 때문에, 어떤 공간들은 성례전의 한 특별한 측면을 강조해주는 반면에, 동일하게 중요한 다른 측면을 무시한다.

어떤 공간에서는 성찬의 교제eucharistic fellowship가 보다 잘 이루어지지만, 다른 공간에서는 성찬이 두려움이나 신비가 될 수 있다. 우리는 말씀의 예배가 성례전의 예배와 균형을 맞추도록 해야 할 뿐만 아니라, 또한 각각의 성례전이 가진 여러 가지 차원의 의미들에 합당한 공간을 제공함으로써 각 성례전의 서로 다른 측면들 사이의 균형을 잡도록 해야 한다.

주님의 만찬

주님의 만찬에 대해 이야기를 시작하면서, 우리는 각 성례전에서 그리스도인들이 경험하는 다양한 의미가 무엇인지를 스스로 물어보아야 한다. 주님의 만찬을 실천하는 방법들과 그 의미들은 다양한 전통들 안에서 뚜렷이 다르게 나타나며, 심지어는 그 명칭들도 다양하다. 그러나 모두가 최후의 만찬에서 예수님이 하신 행동으로부터 유래하며, 그 후 이어지는 역사의 많은 부분도 공통적이다. 그래서 우리는 많은 것을 일반화할 수 있으며, 다만 몇 개의 특별한 요구들을 언급할 것이다.

최후의 만찬은 개인의 집에서 기념되었던 가정적인 예전이다. 그리고 오늘날에도 먹고 마시는 것과 연관되는 행동들에 근거한 의식적인 식사ritual meal로서의 그 핵심은 유지되고 있다. 그러한 식사는 오늘날 개인 가정에서 음식을 준비하는 주방과 음식을 대접하는 식당이라는 두 개의 공간을 암시한다. 이 두 개의 공간은 모두 비교적 작고 친근한 공간으로, 준비하고 축복하고 섬기고 먹고 마심으로 이루어지는 식사라는 가정적 행동에 초점을 맞추고 있다. 그러나 교회의 공적인 공간들은, 준비하고 감사하고 봉사하기 위해서는 그렇게 큰 공간이 필요하지 않음에도 불구하고, 많은 사람들이 먹고 마셔야 하기 때문에 그 크기를 크게 확장한다. 가정에서의 식사와 주님의 만찬의 공적인 거행 사이의 유사점에 유념하는 것이 도움이 될 것이다.

한 가족이 먹을 것과 마실 것을 준비하고 이를 대접하는 것은 실용적인utilitarian 행동들이다. 그러나 식사의 또 다른 측면인, 함께 대화하고, 감사하며, 먹고 마시는 것은 가족의 삶이나 친구들과의 관계에서 없어서는 안 될 필수적인 일로서 실용성 이상의 훨씬 더 큰 의미를 가진다. 그러한 상황 속에서 서로 맡는 역할들이 발전하기 시작한다. 보통, 어떤 사람은 샐러드를 만들고, 다른 사람은 차나 커피를 준비한다. 한 사람은 칠면조를 가져오고 다른 사람은 고기를 자르거나 나르는 가운데에서 곧 의식적ritual 행동들이 발전한다. 단지 두세 번의 식사만으로도 대개 구별된 역할과 의식이 이뤄지게 된다.

마찬가지로 가정적 식사라는 유비類比는, 공간이나 가구들의 관점에서, 주님의 만찬에서 무슨 일이 이루어지고 있는지를 이해하는 데 도움이 된다. 우선 우리는 거기서 이루어지는 행동들을 다루어야 할 것이다. 왜냐하면 교회가 다르더라도 그 행동들은 공통적이기 때문이다. 그리고 그 공통적인 행동들은 매우 비슷한 공간들을 요구한다.

어떤 식사에서도, 먼저 준비하는 행동이 일어난다. 주님의 만찬도 다르지 않다. 이 작업 중 일부는 성물실과 같은 비공개적인 공간 안에서 일어난다. 거기에는 성찬 그릇을 닦고 준비할 수 있도록 싱크대와 흐르는 물이 있다. 여기서 포도주나 포도 주스가 상업용 용기에서부터 성찬용 유리병이나 식탁용 유리병, 또는 개별 잔에 부어질 것이다. 이 행동들에 특별히 교회적인 것은 없기 때문이다. 여기서 또한 빵이나 전병의 포장을 벗기고 적절한 성찬용 그릇이나 접시 또는 바구니 위에 올려놓는다.

준비하는 공적 행동에는 그것들을 성찬상 위에 올려놓거나, 만일 그것들이 이미 성찬상 위에 놓여 있다면 덮개를 벗기는 일을 포함한다. 포도주나 포도 주스는 잔에 부어야 하고, 빵은 적당한 시간에 다루고 쪼갤 수 있도록 적절한 위치에 두어야 할 것이다. 이들은 시간의 흐름 가운데 의미가 부여된 실용적인 행동들이며, 우리는 그 의미가 충분히 표현될 수 있도록 공간을 제공해야 한다.

빵과 포도주를 진설하는 것은 둘 다 실제적인 행동이며 동시에 윤리적인 진술이다. 초기 교회에서 성찬을 받을 사람들은 그들이 재정적으로 감당할 수 있는 대로 빵과 포도주를 가지고 왔다. 기름이나 치즈, 올리브 같은 다른 선물들도 역시 봉헌되었다. 집사들은 주님의 만찬을 위해, 봉헌된 빵과 포도주로부터 그 일부를 선택했으며, 나머지는 가난한 자들에게 베풀었다. 이처럼 모인 회중은 만찬에서, 그리고 봉헌물들로 세상을 섬김으로써 주님을 만났다. 현대 교회도, 비록 그 생생함은 덜할지라도, 빵과 포도주의 봉헌을 통해 그리고 세상을 섬기기 위한 헌금을 통해 똑같은 일을 한다.

많은 교회들에서, 빵과 포도주는 다른 선물들과 함께 회중의 대표자들에 의해 주님의 식탁으로 운반된다. 이를 위해 회중 공간으로 들어가는 주 출입구 가까이에 작은 탁자가 필요하다. 빵과 포도주는 봉헌 행진을 통해 앞으로 운반할 때까지 거기에 둔다. 또한 우리는 헌금을 하기도 한다. 그래서 세상을 위한 선물로 채워진 헌금 접시나 바구니를 올려놓기 위해 성찬상 근처의 어딘가에 작은 테이블이나 선반이 필요하다.

빵과 포도주가 성찬상으로 운반된 후 준비가 되면, 집례자가 성찬상 한끝에 마련된 작은 물그릇에서 손을 씻는 것이 관습일 것이다. 따라서 물그릇과 물 주전자, 수건 그리고 씻은 후에 그것들을 놓을 장소가 필요하다. 포도주는 소량의 물과 함께 포도주 병들로부터 잔에 부어질 것이고, 빈 병들은 치워질 것이다. 이들 모두가 성찬상에 놓이는 것은 아니며, 작은 테이블이나 가까운 선반 위에 놓아둘 수도 있다. 준비가 다 되었을 때는, 예식서와 적절한 분배 용기 안에 들어 있는 빵과 포도주만이 성찬상 위에 남는다. 헌금과 빈 용기들은 작은 테이블이나 선반으로 밀려난다. 이제 성찬상은 더 이상 준비를 위한 주방의 조리대가 아니라, 연회의 중심에 있는 식탁이다.

기독교 가정에서 식사 전에 하는 다음 행동은 감사하는 일이며, 이는 주님의 만찬에서도 가장 중요한 행동 중 하나다. 이 행동, 즉 성찬감사기도에서 우리는 하나님이 우리를 위해 이미 행하신 것을 낭독하고, 하나님이 지금 여기 우리 가운데에 그리고 미래의 사건들 속에서 행동하시기를 요청함으로써, 우리를 하나 되게 하는 믿음을 선포한다. 그것은─가정의 식탁에서 감사하는 것과 똑같이─말로 이루어지지만, 훨씬 더 많은 것이 관련되어 있다. 회중은 대화나 응답송들을 통해, 마음을 올려드리는 이 연합된 행동에 참여한다. 때때로 회중은 기도하는 동안 내내 집례자가 하듯이 서 있다. 비록 대부분의 말은 집례자가 하더라도 모두가 함께 참여한다. 물론, 이를 위해서는 함께 기도하는 사람들 모두가 집례자를 볼 수 있고 그 목소리를 들을 수 있어야 한다.

　집례자는 회중을 향해 서서 입술로만이 아니라 손과 팔과 온몸으로 기도한다. 기도는 하나님을 향해 위로 팔을 들어 올리는 것과 회중을 향한 몸짓, 빵과 잔에 손을 대는 것을 포함하는 많은 의미 있는 몸짓으로 가득하다. 이러한 행동들에는 집례자가 성찬상 뒤에서 팔을 완전히 펼 수 있을 만큼 충분히 개방된 공간이 필요하다. 그것은 수직과 수평으로 1.8미터 내에 장애물이 없는 공간이다. 성찬상의 배경을 이루는 이 수직 면(높이 1.8미터, 너비 1.8미터)에는 집례자와 시각적으로 경쟁하는 것이 있어서는 안 된다. 집례자의 실루엣이 조각, 벽장식, 스테인드글라스 같은 배경에 묻혀버려서는 안 되며, 수목이나 꽃들에 의해 방해되어서도 안 된다. 이 기도에서 집례자의 행동은 필수적이며, 건물은 그 행동이 명확히 보이게 해주어야 한다. 가장 나쁜 것은 집례자 뒤에 있는 같은 높이에 설치한 큰 창으로부터 들어오는 빛으로 인한 눈부심이다. 햇빛이 비치는 맑은 날 이렇게 기도하는 모습을 지켜보는 것은 고통스러운 일일 수 있다.

　어떤 식사에서도 음식을 차리고 대접하는 일은 필수적이다. '빵을 쪼갬'은 이 예식의 가장 오래된 명칭들 중 하나다. "우리 많은 사람들은 모두 한 덩어리의 빵을 함께 나누어 먹음으로써 한 몸입니다. 우리가 쪼갠 빵은 그리스도의 몸 안에서의 나눔입니다." 그래서 빵은 쪼개질 필요가 있다. 이것은 분명히 실용적인 행동이지만 그러나 깊은 의미를 지니고 있다. 빵 덩어리는 모두가 나눌 수 있도록 쪼개야 한다. 몇몇 방법으로 집례자가 빵을 쪼개는 것을 도와줄 여러 명의 사람들이 필요하다. 그러나 최초의 '빵을 쪼갬'은 회중을 향한 성찬상에서 가장 쉽게 그리고 웅변적으로 이루어져야 한다.

그 다음 행동은 사려 깊게 분배하는 일이다. 먹을 것과 마실 것을 나누는 일은 수백 명이나 수천 명에게는 말할 것도 없고, 단지 수십 명에게조차 결코 쉬운 일이 아니다. 사람들이 빵과 잔을 받으러 가든, 아니면 빵과 잔을 사람들에게로 가지고 가든, 이는 잘 계획된 이동 공간을 요구한다. 성찬을 분배하는 사람들이 아직 성찬을 받지 못한 사람들에게 신속하게 다가갈 수 있고 빵과 포도주를 다시 채워줄 수 있도록 잘 디자인된 성찬 공간이 필요하다. 그리고 회중의 공간은 사람들이 장애물에 의해 방해받지 않고 오갈 수 있도록 계획되어야 한다.

성찬 분배에서 매우 중요한 행동은 빵과 포도주를 통하여 그리스도의 몸과 피를 나누어주는 것이다. 이처럼 위대한 선물을 주는 것이기에, 예배의 이 부분은 급하게 서두르거나 서투르게 하면 안 될 뿐 아니라, 지나치게 오래 끌어도 안 된다. 이를 위해 최소한 출석인원의 10분의 1이 동시에 무릎 꿇을 수 있도록, 수찬대나 무릎 꿇을 장소가 필요하다. 만일 성만찬이 서서 진행된다면, 각자가 나아가서 성찬을 받은 후, 아직 성찬을 받지 않은 사람 앞으로 되돌아가지 않도록 반드시 충분한 성찬분배장소communion station, 성찬소들이 있어야 한다. 좌석에서 성찬을 받는 경우에도, 짧은 시간 안에 모든 회중에게 성찬을 분배하기 위한 고려가 필요하다. 무엇보다도 성찬을 나누어주는 행동을 보면, 그 건물이 주님의 만찬을 위해 얼마나 사려 깊게 계획되었는가를 알 수 있다.

이것들은 주님의 만찬에서 행하는 기본적인 행동들이다. 다른 것들, 즉 평화의 인사, 성찬상을 정리하는 일, 남은 빵과 포도주를 처분하는 일, 광고, 회중의 흩어짐과 떠남 등에는 특별한 공간을 제공할 필요가 없을 것이다.

가구들과 공간

주님의 만찬을 행하는 거의 모든 의식에서 공통적으로 하는 이러한 행동들이 가장 잘 이루어지도록 하기 위해 우리는 어떻게 해야 하는가? 우리는 대부분의 개신교 전통들이나 성공회 교회들, 그리고 서방라틴 의식의 로마 가톨릭 교회들에서 이루어지는 실례들을 이야기하려고 한다. 정교회나 동방교회, 그리고 동방 의식의 로마 가톨릭 예배는 너무 달라서 여기서 논의하지 않을 것이다.

성찬상은 이 모든 행동들의 중심이다. 여기서 빵과 포도주를 준비하고, 여기서 기도가 이루어지고, 여기서 빵을 쪼개고, 여기서부터 빵과 포도주를 나누어준다. 이 실제적인 용도들은 다른 무엇보다도 가장 중요하며, 이는 상징적 중심 또는 건물의 건축적 중심으로서의 성찬상보다 더 우선시된다. 성찬상은 무엇을 상징하거나 존경받기 위해서가 아니라, 사용되기 위해서 존재한다.

성찬상은 그 두드러진 위치에 비해 그렇게 거대한 가구는 아니다. 그 스케일은 거기서 집례하는 사람에게 맞추어져 있다. 그래서 그 길이는 1.5-1.8미터를 넘지 않고 그 너비는 그 절반을 넘지 않는다. 중요한 것은 높이다. 사람이 서서 작업을 하는 주방의 조리대는 이런 점에서 성찬상의 모델이다. 성찬상의 높이는 1미터 또는 그보다 약간 낮은 정도여야 한다. 많은 개신교 교회들의 성찬상은 실제로 사용하기에 너무 낮다. 집례자가 손을 자유롭게 움직일 수 있어야 하기 때문에 예배서_{집례서}는 성찬상 위에 놓여 있어야 하고, 눈으로부터 예배서까지의 거리가 너무 멀면 글을 읽기가 매우 어렵다. 다만 회중과 집례자가 성찬상 주위에 앉아 있는 교회들에서는 75센티미터 정도의 높이가 적절하다. 그래서 스케일은 우리의 으뜸가는 관심사다.

우리의 두 번째 관심사는 형태다. 과거에는 성찬상이 단단한 작은 상자 같은 모양이었던 반면에, 최근에 많은 로마 가톨릭 교회나 대부분의 개신교 교회들은 테이블 같은 모양을 선호한다. 오늘날의 성만찬에서는 식사의 측면이 강조되고 있는데, 테이블 형태는 그 점을 강력하게 암시한다. 실용적인 재료로 만들어진 작고 간결한 테이블로도 성만찬의 희생제사적 측면을 암시하는 것이 가능하다. 보통 테이블들은 단 하나의 다리로부터 5개 이상의 다리를 가진 것까지 다양하기 때문에, 그 상판이 평평하고 충분한 크기와 높이를 가지는 한, 다양하게 디자인될 수 있다. 그러나 원형이나 타원형의 상판을 가진 테이블은 집례자의 몸이 테이블의 전체 면에 미치기 어렵기 때문에 기능을 제대로 발휘할 수 없다.

재료도 통상적으로 목재나 금속 또는 석재 등을 사용할 수 있다. 그러나 어떤 경우이든 간에 성찬상은 좋은 재료로 주의 깊게 만들어야 한다. 투명한 합성수지나 대용유리 같은 플라스틱 재료의 사용은 디자이너들에게 흥미를 일으키기는 했지만, 그 재료가 실체적인 것처럼 보이지 않았기 때문에 늘 만족스럽지 못했다. 화강석이나 대리석 또는 천연 슬레이트 같은 돌들은 풍부한 가능성들을 제공하며, 다양한 목재들도 훨씬 더 좋은 선택을 가능하게 한다.

과거에는 매우 빈번하게, 성찬상이 회중을 섬기기보다는 압도하는 건축적 걸작품들이었다. 그러나 육중한 크기와 화려한 장식은 성찬상의 목적을 반영하지 못한다. 만일 시각적 자극보다 사역, 즉 사용이라는 의미에서 생각하면 이러한 문제들 대부분은 저절로 해결된다. 유용한 성찬상은 그것이 섬기는 공동체와 거기서 섬기는 사람들에게 적합할 것이다.

성찬상의 위치는 그 디자인만큼이나 중요하다. 성찬상과 성찬상 주위의 공간은 성찬상이 주로 어떻게 기능할 것인지를 결정한다. 가장 중요한 것은 성찬상을 사용하는 사람들이 그 뒤에서 회중을 향하여 설 수 있도록 독립적으로 설치되어야 한다는 것이다. 이는 오늘날 어떤 교단들에서는 의무적이며 다른 교단들도 강력히 권고하고 있다. 최근의 모든 예배 개혁들은 집례자가 성찬상 너머로 회중을 대면하여 성찬식을 거행하는 것을 전제로 한다. 한번 그렇게 하면, 회중에게 등을 보이는 위치로 돌아오기는 (불가능하지는 않더라도) 매우 어렵다. 성찬상 주위에 모인 하나님의 가족이라는 의미는 매우 강한 이미지여서 다른 어떤 위치도 부적합하게 만든다.

성찬상을 반드시 교회의 수평적 중심축 상에 위치시켜야 할 특별한 이유는 없다. 대칭이 특별히 성스러운 것은 아니며, 최근의 가장 나은 교회들은 성찬상이 그 중심에서 벗어나, 설교대나 세례반, 집례자의 의자, 또는 거대한 십자가들과의 역동적인 관계 속에 있도록 배치했다. 실제로, 중심을 벗어난 배치가 오히려 회중의 주의를 성찬상에 더 강하게 집중시킬 수도 있고, 회중의 공간과 갖는 관계를 향상시킬 수도 있다.

적어도 성찬상 뒤의 1.2미터 거리 안에는 아무것도 없어야 하며, 가운을 입은 성직자의 움직임을 위해서는 그 이상의 공간이 필요하다. 성찬상의 양끝에는 여유 있는 공간이 필요하다. 특히 집례자가 손을 씻는 전통에서는 더욱 그러하다. 성찬상 앞에는 인사와 폐회 안내 같은 여러 가지 행동들을 위한 여유 공간을 두어야 한다. 어떤 예배 전통에서는 성직자가 특별한 의식과 함께 성찬상에 접근하기 때문에 이 공간은 더욱 중요하다. 성찬상은 어떤 쪽에서 접근하더라도 방해받지 않도록 충분한 공간을 가지고 독립적으로 서 있어야 한다.

어떤 경우에는, 전체 회중이 성찬상에서 일어나는 행동들을 잘 볼 수 있도록 그 공간을 한 단 높일 필요가 있다. 그리고 그 단은 집례자가 발을 헛디뎌 넘어지지 않을 정도로 충분히 넓어야 한다. 일반적으로는 맨 뒤에 있는 키가 작은 사람까지도 성찬상에서 일어나는 일들을 잘 볼 수 있도록, 교회의 앞부분 전체를 충분히 높여야 한다. 그러나 단지 한 단 정도로 성찬 공간을 구별해야 하며, 만일 강단 전체를 충분히 높였다면 이것도 필요 없다.

통상 성찬상의 양끝에는 각각 두세 개의 (바닥에 세우는) 촛대를 배치하는 것이 바람직하다. 오늘날의 개혁주의 계열의 예배들에서는 성찬상에 촛대나 십자가, 봉헌 접시, 꽃, 성서들을 포함하여 주님의 만찬을 위해 직접 사용하지 않는 어떤 것도 올려놓지 말도록 권하고 있다. 이는 모든 행동이 온전히 보이도록 하기 위해서다. 성찬상에는 단지 예배서와 성찬 용기들만 올려놓아야 한다.

바닥에 세우는 촛대들은 그 장소에 맞게 디자인되고 제작되어야 하며, 높이는 성찬상과 같거나 약간 높고, 각 촛대에 한 개의 큰 초를 꽂았을 때 그 기능이 가장 좋다. 최근에는 황동제를 피하고, 목재나 검게 칠한 금속, 또는 교회의 내부 장식에 따른 색상을 선호하는 경향이 있다. 촛대는 성찬 공간을 계획할 때 함께 고려되어야 한다.

다른 절기들이나 축제 때에는 성찬상에 천으로 만든 덮개를 늘어뜨린다. 천의 색깔과 질감 그리고 디자인으로 절기나 축제의 특성을 표현한다. 성찬상 전면 전체를 덮는 성찬보를 사용해도 좋지만, 그것은 전문적인 예술가에 의해 디자인되어야 하며,

전체 건물 안에서 가장 뛰어난 예술 작품이 되도록 좋은 재료로 신중하게 만들어야 한다. 그러한 특별한 성찬보는 결코 필수적인 것은 아니며, 대부분의 교단들에서는 성찬상을 충분히 덮는 단순한 흰 천이면 족하다. 이것은 테이블보로 사용되며, 상징보다는 기능을 우선시한다.

어떤 교단에서는 성찬 공간을 위한 특별한 요구들이 있다. 많은 개혁교회와 자유교회 전통에서는 장로나 집사들을 위한 좌석을 성찬상 뒤에 배치하는데, 그들은 빵과 포도주를 분배하는 일을 돕고 성찬기도문을 낭독하기도 한다. 어떤 교회에서는 이들이 회중석 맨 앞 열에 앉아 있도록 한다.

보다 오래된 개혁주의 방식에서는 성찬을 받을 사람들이 테이블 주위에 둘러앉기도 한다. 이런 방식은, 이 나라(미국) 안에서는 드물지만, 네덜란드에서는 널리 보급되어 있다. 19세기 초에 이 나라의 장로교 교회들 안에는 긴 테이블이 회중석의 첫 번째 열 앞에 고정되어 있고, 그 반대편에는 이동식 벤치가 놓여 있어, 성찬을 받을 사람들이 테이블 양측에 앉을 수 있도록 했다. 이때 집례자는 그 테이블의 한쪽 끝에 앉았고, 빵과 포도주는 테이블의 긴 방향으로 전달되었다. 때때로 주님의 만찬을 거행할 때 이동식 테이블과 벤치들을 교회의 전면에 배치하거나, 심지어는 중앙 통로에 배치하기도 했다. 콜로라도 주의

덴버에 있는 워싱턴 파크 연합 그리스도 교회Washington Park United Church of Christ에서는 영구적인 배열을 볼 수 있는데, 교회의 전면 한쪽에 큰 테이블을 두고 그 주위에 의자들이 배열되어 있다(그림 9).

그림 9

성찬상 근처에는, 그릇이나 물 주전자, 손 닦을 수건 그리고 봉헌 접시 같은 빈 성찬기구들을 놓을 작은 테이블이나 선반 같은 작은 가구가 필요하다. 그 가구의 상판의 넓이는 실제로 그 위에 필요한 성찬기구들을 배열해보고 적절하게 정해야 한다. 때때로 봉헌 접시를 올려놓기 위해 더 낮은 선반이 필요하다. 만일 교회 앞에 세례반이 배치되어 있다면, 그 작은 테이블이나 선반은 때때로 물 주전자나 수건을 올려놓을 때 사용할 것이다. 그 경우에는 성찬상과 세례반 모두에 편리하도록 만드는 것이 좋을 것이다. 주님의 만찬이 거행될 때마다 그것을 사용할 것이기 때문에 성찬상에서 결코 멀리 떨어져 있으면 안 된다.

또 다른 작은 가구는 봉헌 행진에 앞서 빵과 포도주를 준비해두기 위해 교회의 입구에 비치되는 작은 테이블이다. 이 테이블은 봉헌 행진 후에는 종종 다른 곳으로 옮겨지기 때문에 반드시 움직이기 편해야 한다. 어떤 경우에는 그 가까이에 있는 의자를 치우고 그 주위에 공간을 넓혀서 이동 공간이 방해받지 않도록 하는 것이 현명하다. 그렇게 하지 않으면, 지나가는 사람이 빵과 포도주를 올려놓은 그 테이블에 부딪치는 아주 불행한 사고가 일어나기도 한다. 이들 작은 테이블이나 선반들은 모두 두드러지기보다는 순전히 기능적이어야 하며, 다만 필요한 만큼 충분히 커야 한다. 또한 만일 예배 중에 향이 사용된다면, 그 향로를 걸어두기 위한 적절한 자리도 반드시 필요하다.

주님의 만찬에서 중요한 네 번째 행동들인 빵과 포도주의 분배를 위한 공간은 대단히 중요하다. 성찬을 받는 통상적인 방법은 회중석에서 빵과 잔을 전달받거나 성찬소에서 서서 받거나 수찬대에서 무릎 꿇고 받는 방식 세 가지가 있다. 그리고 넷째 방법은 앞에서 언급했듯이 사람들이 테이블에 둘러앉는 방식이다.

회중석에서 받는 성찬을 위한 요구 사항은 간단하다. 예배 중에 잔들을 회수하지 않아도 되도록 걸상 뒤에 잔들을 올려놓을 작은 선반들만 있으면 된다. 분배자들이 성찬을 나누어주기 시작할 곳을 알 수 있도록 회중석 끝에 표시를 해놓으면 편리할 것이다.

성찬소에서 서서 받는 방식은 다른 무엇보다도 이동 공간을 고려해야 한다. 빵과 잔을 나누어주는 사람들은 회중 공간의 주 통로들 앞에 서 있을 수 있다. 불편하지만, 발코니에서도 가능하다. 성찬소에는 사람들이 거기로 다가갈 때 혼잡 없이 접근할 수 있도록 충분한 공간이 있어야 한다. 성찬을 받고 돌아가는 사람들이 반대쪽에서 오는 사람들과 엇갈리지 않도록 이동 공간과 회중의 공간을 계획하는 일은 쉬운 일이 아니다. 사람들이 성찬소에 접근하는 통로와 자리로 돌아가는 통로를 다르게 한다면 성찬 분배는 훨씬 더 부드럽게 진행될 것이다. 성찬소에 테이블들은 필요하지 않다. 빵과 포도주가 성찬을 돕는 이들에 의해 보충되더라도, 모두가 하나의 성찬상에서 먹고 마시는 것이라는 점을 분명히 보여줄 수 있다.

무릎을 꿇는 곳에서는 성찬을 받기 위한 요구 조건들이 더 까다롭다. 수찬대가 반드시 필요한 것은 아니다. 전에는 개들이 성찬상 가까이에 오는 것을 막기 위해 일부 교회에서 성찬상 주위에 난간을 설치했지만 오늘날에는 문제 되지 않는다. (웨일즈의 뱅거 성당Bangor Cathedral에는 아직도 다루기 어려운 개들을 쫓기 위해 막대기를 비치해두고 있다.) 수찬대는 무릎을 꿇는 데 도움이 되지만, 다른 사람들이 노약자나 임산부를 부축해야 할 수도 있다. 수찬대가 성찬상의 울타리나 벽이 되어서는 결코 안 된다. 때때로 필요할 때에만 수찬대를 설치할 수 있도록 바닥에 그 다리를 끼워 고정할 수 있는 구멍들을 만들어두기도 한다. 어떤 경우에도 수찬대는 가능한 한 개방적이어야 한다. 포도주를 작은 잔들로 분배하는 경우에는 성찬 중에 또 다른 사람들이 그 잔들을 모으는 일을 하지 않도록 수찬대 위에 구멍들을 만들어 그 잔들을 꽂아놓을 수 있게 하면 편리하다.

수찬대보다 훨씬 더 중요한 것은 무릎 꿇을 수 있는 단이다. 이것은 바닥에서 약간 높게 있어야 한다. 한 땀 한 땀 수놓은 레이스 달린 쿠션을 만드는 일은 종종 교회의 구성원들이 시간과 재능을 봉헌하는 기회를 제공한다.

무릎 꿇는 단과 수찬난간들을 전면에 일직선으로 설치하는 대신, 성찬상의 세 면을 둘러싸도록 설치하는 경우가 점점 더 늘어난다. 이는 하나님의 가족으로서 성찬상 주위에 모인다는 의미를 더욱 강조하며, 또 훨씬 더 많은 사람을 수용할 수 있어 줄을 서서 기다리는 데 소모하는 시간을 상당히 줄여준다.

수찬대 안의 공간에 대한 두 가지 중요한 사항이 있다. 그 공간은 가운 입은 사람들이 혼잡 없이, 그리고 설교대와 세례반 또는 성찬상과 부딪치지 않고 통과할 수 있을 만큼 충분히 넓어야 한다. 성찬 중에 이 공간 안에는 여러 사람의 움직임이 있다. 성찬식을 집례하는 사람들이 걷는 영역은 사람들이 무릎 꿇는 단보다 높아서는 안 되며, 같은 높이가 바람직하다. 성찬 분배자가 수찬자의 무릎 꿇은 높이보다 더 높은 곳에 서 있을 때는 성찬을 분배하는 일이 매우 불편하다. 어떤 경우에는 수찬자들이 성찬소에서 빵과 포도주를 받아도 되며, 그때 원한다면 잠시 기도하기 위해 수찬대에서 무릎을 꿇을 수도 있다.

어떤 전통에서는, 수찬대가 주님의 만찬에서보다 다른 어떤 매우 중요한 기능을 가진다. 수찬대는 사람들이 기도하기 위해 앞으로 나오도록 초대받고서 제단 기도들altar prayers을 할 때에 사용된다. 이러한 경우에 수찬대는 종종 '제단'the altar이라고 불린다. 또한 그것은 사람들이 삶을 헌신하거나 재헌신하기 위해 앞으로 나오도록 초대되는 '제단으로의 부름'을 위해 사용된다. 재의 수요일(사순절 첫날)에 사람들이 이마 위에 재를 받는 동안 그들은 수찬대에 무릎을 꿇을 수 있다. 치유를 위한 기도나 견진 예식을 할 때에도 그 수찬대를 사용할 수 있다.

주님의 만찬을 위한 공간과 가구들에 관해 논하면서 마지막으로 두 가지 점을 짚어볼 수 있다. 예배를 위해 사용하는 주 공간 안에는 단 하나의 성찬상만이 있어야 한다. 다른 것들은 평일 또는 성찬을 위한 부속 예배실이나 다른 뚜렷이 분리된 공간에 둘 수 있을 것이다. 그러나 '하나의 교회에 단 하나의 성찬상'의 원칙은 오늘날 주요 교단들에 의해 그리스도의 몸의 통일성의 상징으로서 확증된다. 그리스도의 몸은 하나이고, 하나의 성찬상은 이를 가장 명백히 나타낸다.

로마 가톨릭과 영국 성공회 고교회파 교회들 안에는 성궤 tabernacle●를 위한 명백히 구별된 장소가 있어야 한다. 최근의 개혁들은 성찬상에 성궤 두는 것을 금지시켰고, 그것을 채플과 같은 분리된 장소 안에 공경의 장소로 두도록 장려했다. 그 밖의 예배적 헌신들은 성만찬의 기념과 경쟁해서는 안 된다. 성궤가 성찬상 바로 뒤에 있을 때, 집례자는 그것을 등지고 성만찬 의식을 거행해야 하는데, 이때 성궤는 미사와 시각적으로 경쟁한다. 성찬상에서의 행동들이 가장 중요하며, 그 배경이 중립적일 때 사람들은 거기서 행해지는 것에 더 잘 집중할 수 있다. 기독교 공동체가 주님의 만찬을 기념하기 위해 모일 때, 어떤 것도 그들의 행동들로부터 회중의 주의를 빼앗으면 안 된다.

● 성상·성자상을 안치하는 닫집 달린 벽감이나 성체를 보존하는 성궤를 말한다.

4

세례를 위한
장소

기독교는 조직이나 제도가 아니라 예수 그리스도의 죽음과 부활에 동참하는 세례를 받은 사람들의 공동체다. 교회는 세례에서 선포되는 하나님의 약속들 위에 존재하며, 그 약속들을 통해 하나님의 미래를 향해 나아간다. 최근 수십 년 동안, 교회로서 우리의 정체성에 대한 새로운 이해는 기독교의 입교 의식에 대한 개혁, 즉 세례 의식만이 아닌, 그것의 기반이 되는 전체적인 틀을 포함하는 개혁 속에 반영되어왔다.

우리는 기독교 입교의 본질을 회복시키기 위한 탐구를 통해, 세례에 관하여 성서에 담긴 풍부한 이미지를 찾을 수 있다. 홍수의 물(창세기 6-8장)과 홍해의 갈라짐(출애굽기 14장)을 통해 구원받은 하나님의 선택받은 백성에 관한 구약 이야기로 돌아가면, 우리는 하나님의 강력한 구원 행위에서 물이 하는 역할을 발견한다. 세례에 대한 신약 이야기들은 기독교의 입교라는 사건에 한층 더 의미들을 더한다. 세례 받은 자들은 죄 씻음 받고, 새롭게 태어나며, 그리스도와 함께 묻히고, 그리스도와 함께 일어나며, 성령에 의해 새로운 힘을 얻는다. 기독교 입교에서 행하는 각각의 새로운 입교 의식은 여러 가지 방식으로 성서적 이미지와 성서에 근거한 신학의 회복을 반영한다.

또한 성서의 증거는 하나님이 풍부한 삶의 약속과 함께 인간에게 다가오심에 있어 다양한 사람들과 장소들 그리고 사물들을 사용하시는 무수한 방법을 깨달을 수 있도록 우리를 도와주었다. 하나님이 신적 실재를 물질이라는 실체를 수단으로 해 전달한다는 이 생각은 널리 성사성sacramentality, 성사 중심●이라고 불리었고, 최근의 세례 신학과 실천에 깊은 영향을 주었다. 그 새로운 의식들은, 복음의 진리를 증거하는 사람들과 기독교 공동체가 모이는 장소들, 그리고 하나님의 관대하고도 화해를 이루는 사랑을 증언하는 물과 인간의 몸짓이 하는 역할들을 진지하게 보여준다.

다른 변화들은 기독교 입교의 역사에 대한 새로운 관심에 기초한다. 한 세기 이상에 걸친 예전학의 상속자들로서, 우리는 교회의 증언들, 특히 세례의 본질에 대한 초대교회들의 증언들을 찾기 위해 기독교의 과거로 돌아갈 수 있었다. 그로써 우리는 본래 수조水槽와 감독의 안수 그리고 성만찬으로 구성된 하나의 사건 안에서 완성된 입교의 과정에 대한 명백한 증거를

● 하나님이 그분의 은혜를 전달하기 위해 성례전에서 가시적 표지 혹은 상징을 사용하신다는 원리.

발견했다.

우리는 일련의 역사적 사건들과 신학적 오해들에 의해 그후 수세기 동안에 기독교의 입교의 통일성이 무너졌음을 발견하였다. 물세례는 그 자체로서 무언가 불완전한 것으로 보이기 시작하였고, 그래서 후에 그것을 재확인하기 위해 견진성사confirmation를 요구하였다. 사실상 모든 교단에서 가장 최근의 입교식 유형은, 한 사람이 세례 안에서 전적으로 그리고 조건 없이 그리스도의 몸의 지체구성원가 됨을 선언하면서, 교회의 영웅시대the heroic age•의 실천으로 돌아감을 보여준다.

오늘날의 신학적 반성 역시 기독교 입교 의식의 개혁을 이끈 중요한 요인이었다. 교회론 영역에서의 연구, 특히 교회의 본질에 대한 신학이 열매를 맺으면서, 세례 신학과 실천에 현저한 영향을 끼쳤다. 우리는 새로운 그리스도인 각자가 세상에서의 교회의 사명에 독특한 선물과 은혜를 가져온다는 생각을 진지하게 받아들이기 시작했다. 이는 한 사람이 물과 성령으로 그리스도의 몸에 연합될 때마다 그것은 전체로서의 교회에 대단히 중요한 문제라는 것을 의미한다.

이러한 이유로 모든 새로운 기독교 입교 예배들은 세례가

• 교회사 최초 300년의 박해 시기.

공적인 사건, 즉 주일에 예배를 위하여 특별한 시간과 장소에서 모이는 교회의 한 행동임을 강조해왔다. 그리스도인 공동체는 각 개인의 세례에서 능동적 참여자이며, 그리고 '개인적인 세례'라는 관념은 용어상의 모순으로 이해하기 시작했다. 세례에서, 회중은 세례 받는 이들을 그리스도인으로 양육할 책임을 떠맡고, 그들의 삶 속에 성령이 계속 일하시기를 위해 기도하고, 그리스도의 몸의 온전한 지체로 그들을 환영한다.

이러한 최근의 발전들은 기독교 입교 신학과 입교 의식의 형태, 그리고 세례의 실천에서 극적인 변화를 일으켰다. 성서적 규범들에 기초한 세례 신학으로 다시 돌아감으로써, 그 의식들의 언어에 새로운 깊이와 풍부함을 제공했다. 건전한 역사적 연구에 기초한 기독교 입교의 실천으로 되돌아감으로써, 그 실천은 모인 공동체의 행동으로 재정립되었다. 하나님이 인간의 삶 속에서 물질을 사용하신다는 보다 더 충실한 의미로 돌아감으로써, 기독교 입교 의식들의 제의적 힘과 상징적 힘을 새롭게 인식하는 계기가 되었다. 이 모든 변화는 기독교 세례의 건축적 환경에 중대한 영향을 미친다.

세례 공간

교회건축적 측면에서 보자면, 기독교 입교 의식을 위해서는 물을 담을 수조와 그 수조를 설치할 장소, 단지 두 개의 요소가 필수적이다. 그러나 교회를 신축하거나 개축하는 사람들에게는, 그 세례의 말과 행동이 전체 그리스도인 공동체에게 잘 전달될 수 있도록 하기 위해 이들 단순한 요소들을 어떻게 배치할 것인가가 도전적인 과제다. 우리는 세례를 베푸는 그곳에서 말씀으로 용서를 말하고, 물을 통해 풍성한 삶과 깨끗한 씻김을 나타내며, 사람의 몸짓으로 환영을 표현할 수 있는 장소를 창출하기 위해 노력한다.

세례 공간의 위치는 공동체의 삶에서 세례가 하는 역할에 대해 많은 것을 말해주는 힘을 가지고 있다. 그 위치는, 기독교 입교가 그리스도인들의 실존의 중심에 있다고 선언하거나, 아니면 그 주변에 있다고 선언할 수 있다. 그 위치는 입교가 하나님과 개인의 사적인 상호행동이라고 선언하거나, 아니면 전체 기독교 공동체에 심오한 뜻을 가진 문제라고 선언할 수 있다. 그 위치는 입교가 신비하고 극도로 비밀스러운 의식이라고 말하거나, 아니면 새로운 삶으로의 개방적이고 관대한 초청이라고 말할 수 있다.

불행하게도, 과거 수십 년이 넘도록 세례 공간의 위치는 일반적으로, 단지 편리성이나 디자인을 고려해서 정하면 되는 별로 중요하지 않은 문제로 생각되었다. 그러나 최근에는 입교의 갱신에서 가장 중요한 요소들 중 하나가 세례를 행하는 공간을 재고하는 것임을 깨닫기 시작했다.

세례반 또는 침례조에서 가장 먼저 고려할 점은, 결국 그 위치를 어디에 정한다 하더라도, 그 주위에 상당한 크기의 빈 공간이 있어야 한다는 것이다. 집례자, 수세자들의 부모나 대부모나 후원자들, 그리고 수세자 자신 모두가 입교 의식에 참여하기 위해 세례반이나 침례조 주위에 바로 모일 수 있어야 한다. 수세자들이 여럿인 경우에는 '세례의 축제'를 기념하기 위해 이동하는 많은 회중을 위해서 더 큰 공간이 필요하다. 어떤 전통에서는 그 공동체를 지도하는 기관의 대표자들이 함께 참석한다. 때때로, 그리고 특별히 유아세례의 경우에는, 그 회중에 속한 어린이들이 수세자들을 위한 세례 공간으로 나아와 새로운 그리스도인을 만드는 사건에 전적으로 함께 참여하도록 요청받으며, 그리고 수세자들을 위한 그들 자신의 기도문을 소리 내어 읽도록 요청받기도 한다.

주류 교단들에서 가장 최근의 세례 의식들은 입교가 공적인 행동이며, 모인 공동체가 능동적으로 매우 중요한 역할을 맡는다는 것을 분명히 보여준다. 따라서 세례 공간의 위치에 대한 두 번째 일반적인 요구는, 그 위치가 전체 회중이 그 행동을 보고 들을 수 있는 곳이어야 한다는 것이다. 이렇게 세례가 전 회중의 행동이라는 생각으로 돌아가는 것은, 세례가 부속 채플이나, 알코브alcove● 또는 트란셉트transept●●와 같은 가려진 장소에서 행해져서는 안 된다는 점을 역설한다. 그 선택된 위치는 새로운 그리스도인들을 만드는 일이 사적인 일이 아니며, 그리스도의 몸 전체에 관련된 일임을 분명히 증언해야 한다. 이러한 이유로 그 공간의 음향은 신중하게 고려되어야 한다.

교회는 세례 공간의 위치가 공동체에게 나타내는 의미에 대해 깊이 연구한 후에, 세례반이나 침례조의 위치에 대한 두 가지 대안을 특별히 추천하였다. 그중 첫 번째 대안은 주 예배 공간이나 회중 공간 내에 있는 교회의 입구 근처다. 이 위치는 모든 사람에게, 한 사람이 세례의 물을 통해 신앙 공동체에 들어오고 그리스도의 몸의 일원이 된다는 것을 선언한다. 교회 건물에 들어오거나 떠나는 각 사람은 용서와 새로 태어남을 증거하는 물을 마주침으로써 자신의 삶에서 세례의 의미를 새롭게 대

● 벽면이 우묵하게 들어간 공간.
●● 십자형 교회의 좌우 날개 부분.

면하게 된다.

그러나 이 위치에는 단점들이 있다. 우선, 실제로 세례를 베푸는 동안 공동체가 그곳에 접근하기 어렵다. 회중 구성원들은 세례반이나 침례조에서 일어나는 일들을 보기 위해서 그들의 자리를 떠나 세례 공간으로 모이거나, 아니면 뒤를 향해 돌아서야 한다. 후자의 경우 무릎과 정강이가 의자에 닿는 것을 피하도록 의자의 앞뒤 간격을 더 넓게 벌려두어야 한다. 회중 수가 적은 교회에서는 회중이 자기 자리에 서 있거나 세례 공간에 모이는 것이 가능하지만, 그러나 회중 수가 그보다 많은 교회에서는 완벽한 해결책을 찾기 어렵다. 그래서 어떤 경우에는 세례반을 이동식으로 만들어, 보통 때에는 교회의 입구에 세워두고, 세례식 때에는 중앙으로 옮겨놓을 수도 있다. 그러나 어떤 사람들은, 세례 안에서 확증된 하나님의 약속의 불변성을 상징하도록 세례반의 위치가 변하지 않는 안정된 건축적 요소이어야 한다고 주장하면서 이 방법에 대해 반대한다.

두 번째 대안은 세례 공간을 예배 공간의 앞이나 중앙 부근에, 예배의 다른 중심 요소들과 함께 같은 영역에 두는 것이다. 이러한 배치에서는 무리 지어진 성찬상, 설교대, 세례반이 그리스도인의 생명, 곧 복음에 의해 소생되고 물과 성령으로 태어나며 예수 그리스도의 몸과 피로 양육된 생명의 본성에 대해 시각적으로 분명하게 선언한다. 회중이 예배하러 모일 때마다, 세례 의식이 거행되든 그렇지 않든 세례반을 주목하게 되는데, 그 세례반은 세례 받은 공동체에서 일하시는 하나님의 능력을 증언한다.

또한 이곳에 세례반을 두는 것은 확실히 실질적인 이점이 있다. 대부분의 경우에, 공동체가 설교대와 성찬상에 접근할 수 있고, 참석한 모든 사람이 그들 주위에서 일어나는 행동들을 보고 들을 수 있도록 하는 데는 상당한 노력이 필요했다. 이 위치에서는 세례식이 거행될 때마다 전체 공동체가 그러한 이점을 함께 나눌 수 있다. 이 장소에서는 음향도 그만큼 좋아진다.

세례 공간에 대한 질문은 실제로 물을 담을 그릇의 종류에 대한 질문도 포함한다. 세례 공간의 변화를 요구해온 세례 신학과 실천에서의 많은 변화들은, 마찬가지로 세례반이나 침례조의 변화를 요구한다. 게다가 우리가 제공하는 공간은 우리가 제공하는 세례/침례를 위한 용기 주위를 둘러쌀 것이며, 그 용기 자체의 모양은 그것이 놓이는 공간에 의해 결정될 것이다.

우리는 하나님의 자기희생을 전하는 물질적 창조물의 능력을 새롭게 이해하게 되었기 때문에, 성례전들에서 그 창조물들을 사용하는 방법에 대해 관심을 갖기 시작했다(3장 참조). 세례에 사용되는 물질은 우선 물이기에, 우리는 물이 용서, 다시 태어남, 성령의 일하심, 받아들임, 화해의 사랑을 가장 잘 전달할 방법들에 초점을 맞추기 시작했다. 점점 더 우리는 이러한 점들을 적절히 전달하기 위하여 반드시 회중의 모든 구성원들이 세례의 물을 보고 들을 수 있어야 한다는 것을 인식하게 되었다.

물의 성례전적 힘에 관한 이 인식은 우리가 기독교 입교를 실행하는 방법에서 근본적인 변화를 일으키기 시작했다. 우리는 공동체들이 하나님의 사랑의 관대함을 더욱 분명하게 드러내기 위해 점차 더 많은 양의 물을 사용하는 쪽으로 움직이는 경향을 발견한다. 전통적으로 수세자에게 물을 뿌려온 어떤 공동체들은 어린아이들이나 성인들을 모두 물속에 잠기게 하는 침례를 베풀기 시작했다. 또 다른 곳에서는 상당한 양의 물을 수세자의 머리 위에 붓는 방법이 일반화되었다. 어떤 경우든, 일반적으로 사용되던 용기보다 더 많은 물을 담을 수조가 고려되어야 한다.

세례 용기

교회 건물을 신축하거나 개축하는 사람들에게는, 물이 그 의미를 분명히 말하게 하고, 또한 물을 붓거나 물속에 잠기게 함으로써 세례를 가능케 하는 세례반을 제공하는 일이 쉽지 않은 일이었다. 기존의 대부분의 교회들에서 세례반은 이 목표들 중 어느 쪽이라도 성취하는 데 필요한 양의 물을 담을 만큼 충분히 크지 않다. 그리고 비록 최근에 예배당을 개조한 많은 교회들은 이들 부적절한 세례반을 대체하려 했지만, 만족할 만한 대용품을 찾는 것도 쉽지 않음을 알게 되었다. 더욱이 (성인 침례를 가능케 하는 침례조를 설치하는 대신에) 세례반을 사용하기로 결정한 교회들도 적절한 세례반에 대한 유용한 정보들을 얻지 못한다.

기독교 공동체의 요구와 새로운 입교 의식에 적합한 세례반은 다음 두 가지의 본질적인 요건을 갖추어야 한다. 첫째, 그것은 견고해야 하며, 물을 담은 그릇임을 분명하게 나타내는 형태여야 한다. 둘째, 세례반은 세례에 사용될 많은 양의 물을 담을 수 있을 만큼 충분히 커야 한다. 비록 지금은 유아의 침례를 시행하지 않을지라도, 언젠가 시행하게 되었을 때 그 실천이 가능하도록 미리 대비해두는 것이 바람직하다. 일반적으로 아기들의 키가 적어도 50센티미터를 넘기 때문에 그릇의 지름이 최소한 60센티미터 이상이어야 한다.

가장 창조적인 회중조차도 이러한 조건을 충족시킬 수 있는 세례반을 확보하려면 독창성을 발휘해야 한다. 교회용품 공급업체들 중에서 이 새롭게 고안된 예배들의 요구에 적합한 세례반을 제공할 수 있는 업체는 극소수다. 대부분의 상업적인 세례반들은 디자인이 조악하고, 필요한 양의 물을 담기에는 너무 작다. 아쉽게도, 디자인 전문가들의 재능에 기대하기도 어렵다. 미국 교회 건물들에는 교회용품 상점들이 대량으로 공급한 부적절한 세례반들로 넘쳐나기 때문에, 건축가나 디자이너가 어떤 공동체의 요구에 충분히 합당한 것을 창조하고 싶어도 적절한 모델을 발견하기가 쉽지 않을 것이다.

여러 회중이 이러한 어려움들을 매우 성공적으로 극복해냈다. 어떤 공동체들은 『가톨릭 예배에서의 환경과 미술』*Environment and Art in Catholic Worship* (10장 참조)과 같은 출판물들에 실린 사진들을 통해 건축가나 디자이너에게 그들의 요구를 정확하게 설명할 수 있었다. 다른 경우, 특별히 개축 프로젝트에 참여한 이들이 더욱 혁신적인 해법들을 만들어내기도 했다. 그들은 종종 빨래통, 써레(칼퀴 모양의 농기구)의 원반, 중국 냄비, 뒤집은 둥

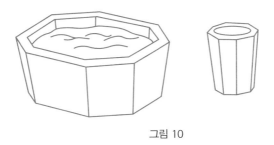

그림 10

근 천창 같은 물체들이나 또는 샐러드 바 식당에서 사용되는 접시 같은 둥근 그릇 모양의 물건들을 가공하고 변형하여 거기에다 튼튼하고 잘 디자인된 받침대를 추가함으로써 세례반을 만들었다.

세례반보다는 침례조를 설치하기 원하는 회중이 참고할 만한 것들이 조금 더 있다. 비슷한 수조를 만드는 몇 개의 회사들과, 침례교와 그리스도의 제자들 같은 공동체들이 설치하여 사용해본 경험들을 참고해보면 좋을 것이다. 침례조의 경우에도 세례반의 경우와 마찬가지로 세례 공간과 그 위치에 대한 동일한 일반적 요구들이 적용된다. 그러나 침례조는 기본적으로 바닥에 설치하기 때문에, 시각적인 이미지를 극적으로 형성하게 하기가 쉽지 않다. 따라서 침례조를 그 가치에 합당하게끔 두드러지게 만들려면 상당한 디자인 능력이 요구된다.

실제로 어떤 세부적인 문제들은 세례반과 침례조 모두와 관계있는데, 그중 하나는 거기에 담는 물의 문제다. 어떤 세례반이나 침례조들에는 세례를 행할 때는 물론이고 그렇지 않을 때에도 항상 물이 담겨 있어, 하나님의 화해시키는 능력을 계속해서 증언한다. 그러나 괴어 있는 물이 썩지 않도록 유지하려면 기계적 순환 시스템이나 화학적 첨가제가 필요할 것이다. 물이 순환될 때에는 물 흐르는 소리가 만들어지는 이점이 있는데, 그 소리가 건물을 통해 울려 퍼질 때 그 존재와 의미를 알리는 효과가 있다. 추운 기후에서는 가열된 물을 공급하는 일이 필요하다.

다른 경우에는, 세례를 거행하기 직전에 세례반이나 침례조에 물을 부어넣는다. 몇몇 교단들의 의식에서 권고되듯이, 만일 세례 의식 중에 물을 부어 넣으려면, 여러 개의 보기 좋은 물병들이 필요하다. 수조나 세례반에 물을 항상 채워두든 세례 직전에 채우든 간에, 그 위에 덮개를 설치할 필요는 없다. 세례반 위에 덮개를 덮는 전통은 중세 시대에 그 물이 신비한 힘을 가지고 있다고 믿는 사람들이 물을 훔쳐가는 것을 막기 위하여 시작되었다. 그러나 오늘날에는 세례반 덮개가 더 이상 필요하지 않다. 만일, 바닥에 설치된 침례조와 관련하여 안전상의 문제가 우려된다면, 어린아이들이 사고로 빠지지 않도록 투명한 망을 물의 표면 바로 아래에 설치해두었다가, 세례 의식을 행할 때 제거할 수도 있다.

───────

다른 요구 사항들

일반적으로 세례 의식에는 여러 가지 부수적인 용품들이 필요하다. 따라서 그 다음으로 필요한 것은 세례반이나 침례조 가까이에 작은 테이블을 설치하는 것이다. 이 테이블에는 물병, 수건, 조개껍질 모양의 세례 쟁반, 성유, 수세자가 갈아입을 옷, 수세자에게 줄 양초 같은 품목들을 올려놓을 수 있다. 이 테이블을 세례 공간에 영구적으로 고정해둘 필요는 없지만, 디자인을 잘 하고 튼튼하게 만들어야 한다.

수세자를 물에 잠기게 하는 침례를 행하는 교회들에서 마지막으로 필요한 것은 수세자들과 집례자가 옷을 갈아입는 방이다. 이 방은 참여자들에게 편안하고 편리하도록 세례 공간 옆에 붙어 있어야 한다. 여러 교회에서는 성물실을 그 용도로 사용한다. 그러나 어떤 경우이든 간에, 옷을 갈아입는 방과 그리로 가는 통로의 바닥이 뚝뚝 떨어진 물로 미끄럽지 않도록 주의해야 한다.

교회의 다른 특별한 의식에서와 마찬가지로, 점점 더 공통적으로 세례와 관련되는 것들 중 하나가 고대로부터 그리스도와 부활의 빛을 상징하는 부활절 초다. 이 초는 꽤 크고(적어도 90센티미터의 높이), 당해년도와 그리스도의 상징들이 표시되어 있다(그림 11). 이 초는 일 년 내내 세례반이나 침례조 가

그림 11

까이에 위치하여, 세례를 행할 때마다 부활하신 그리스도 안의 새로운 생명을 나타내는 표식으로 불을 켜놓는다. 이 부활절 초를 위해 세례반 가까이에 충분한 공간이 있어야 할 뿐만 아니라, 1.2미터 높이의 튼튼한 촛대를 마련해두어야 한다. 여러 교회가 이 초를 부활절로부터 예수 승천일까지 성찬상과 설교대 가까이에 세워두며, 장례식 동안에는 관의 머리맡에 위치시켜둔다.

세례와 관련된 교회용품들 중에는 또한 성수반이 있다. 많은 교회에서 이 작은 수반들은 축성된 물로 가득 채워져 예배 공간의 입구에 배치되어 있다. 예배자들은 교회에 들어갈 때, 손가락들을 이 물 안에 담그고, 자주 그들의 세례를 감사한 마음으로 기억하면서 십자가 성호를 그린다. 만일 성수반들이 지역 전통의 일부라면, 성수반들은 세례반과 대응하는 크기의 것이야 하며, 비록 더 작더라도 세례반과 그 재료가 같고 그 기본 형태가 동일하여 세례와 연결되어 있음을 나타내야 한다. 세례반을 교회의 입구에 배치한 교회들에서 성수반은 불필요한 것이 되었고, 세례를 상기시키기 위해 사용되는 물은 세례반 자체에서 취한다.

마지막으로 고려할 문제는 세례의 도상학적 문제이다. 비록 수세기가 넘도록 수많은 이미지나 상징들(비둘기, 조개, 삼위일체의 상징들)이 기독교 입교와 연관되었지만, 항상 세례반 또는 침례조 자체가 세례의 우선적 사인이었다. 만일 세례반이나 침례조가 물을 담고 있고 그 물로 세례를 행한다는 것을 분명하게 나타낸다면, 그것은 공동체에게 세례의 귀중함에 대한 가능한 가장 깊은 이미지를 제공할 것이다. 그러한 세례반은 그 표면에 추가적인 상징을 새겨 넣을 필요가 없다. 때때로 회화, 조각 또는 섬유예술 fabric art 등이 세례 공간에 아름다움과 따뜻함을 더해줄 수 있다. 그러나 만일 그것이 (추상적이 아닌) 구상적 작품이라면, 그 주제는 세례 그 자체의 사건에 관련되어야만 한다.

기독교 입교에 대한 최근의 개혁들에서 그 성공과 실패를 일으키는 가장 중요한 요인은 그 의식이 행해지는 공간의 형태일 것이다. 이는 세례가 각 사람과 하나님 사이에 심원한 순간임을 보여주는 세례 공간이, 세례가 전체 공동체에게 중대한 사건임을 선언하는 의식보다 오히려 더 잘 드러나기 때문이다. 세례반이 물의 중요성을 표현하지 못한다면, 물을 통해 하나님의 사랑에 관하여 말하는 세례 의식은 그 의미를 제대로 전할 수 없다. 좋든 나쁘든, 세례뿐만 아니라, 세례 받은 전 공동체의 모습 또한 우리가 제공하는 공간에 의해 빚어진다.

5

결혼 예식을 위한
장소

만일, 예전 본문 중에 우리에게 친숙한 것이 있다면, 그것은 바로 결혼 예식의 언어일 것이다. 500년이 넘도록, 영어를 사용하는 그리스도인들은 결혼할 때 "기쁠 때나 슬플 때나, 부유할 때나 가난할 때나, 아플 때나 건강할 때나" 서로에게 자신을 맡겨 왔다. 그리고 결혼 예식의 최신 개정판에서도 그들은 계속 그렇게 했다. 그러나 각 교파들의 가장 최근 자료들의 보수적 성향에도 불구하고, 교회 건물을 설계하거나 개조할 때 고려해야 할 몇 가지 중요한 차이들이 있다.

건축적 측면에서 이러한 변화들 중 가장 중요한 것은 결혼 예식을 온전한 기독교 예배로서 재정립하는 것이다. 다른 종류의 예배에서와 마찬가지로, 공동체가 모여서, 기도드리고, 성서를 읽고, 설교하고, 때때로 성만찬을 기념한다. 물론 결혼 예식에는 특별한 강조점이 있다. 우리는 결혼하는 두 사람이 공적으로 엄숙하게 맺는 약속들을 증거하고 그들이 함께할 삶에 하나님이 복 주시기를 구하기 위해, 그리고 그들의 사랑의 증인이 되시는 하나님께 감사하기 위해, 하나님의 임재 안으로 들어간다. 그때 그리스도인의 결혼은 패션쇼나 화훼쇼가 아니다. 그것은 또한 사진이나 비디오를 찍는 시간이 아니며, 가족 중에 음악적 재능이 있는 사람들을 위해 마련한 공개 발표회도 아니다. 그 결혼은 전능하신 하나님을 예배하는 것이며, 두 사람의 사랑 안에서 고백되는 하나님의 사랑에 대한 감사 축제다.

어떤 작고, 안정된, 특별히 친밀한 공동체들에서는, 그리스도인의 결혼 예식이 가끔 통상적인 주일 모임 안에 통합하여 이루어지는 것을 발견한다. 젊은 남자와 여자가 회중 안에서 성장해왔고, 그들의 삶이 가족들과 주일학교 친구들과 젊은 또래 모임들 사이에서 예배에 중심을 두고 살아왔다면, 전체 공동체가 기도 가운데 모이는 주일 아침에 그들의 결혼을 축하하는 것은 아주 자연스럽고 적절해 보인다. 사실, 이것이 모든 그리스도인의 결혼을 위한 패러다임일 것이다.

그러나 우리 대부분은 응집력이 약한 세상에서 살고 있다. 우리는 가정, 교회, 이웃, 학교, 직장, 정당 같은, 우리에게 사회적 책임을 요구하는 다양한 공동체에 동시에 속해 있다. 결혼식을 위해 모이는 사람들은 이러한 수많은 공동체로부터 온 사람들이다. 그래서 이들은 신랑 또는 신부와 서로 아는 정도 이상의 공통점이 거의 없는 경우가 많다.

그러나 그들의 차이점에도 불구하고, 그리스도인의 결혼을 축하하러 모인 사람들은, 적어도 잠시 동안은 신랑과 신부를 향한 사랑과 행복과 관심 안에서 함께 결합된 새로운 공동체를 형성한다. 그 예식이 진행되는 동안 결혼 하객들은 신랑, 신부와 함께 또는 그들을 위하여, 기독교 예배의 어떤 행동들에 참여하면서 더욱 밀접하게 결합되도록 요청받는다. 또한 그들은 하나님이 신랑과 신부의 삶 안에서 시작하신 일에 대하여 '아멘' 하고 화답하고, 그 결혼이 세상을 위한 그리스도의 사랑의 표상이 되기를 위해 함께 기도하도록 요청받을 것이다.

───────

결혼 예식을 위한 공간

결혼식에 모인 공동체라는 특별한 속성 때문에, 적절한 공간을 제공하는 것은 특별한 도전거리다. 통상적인 주일 예배에 함께 나온 사람들과는 달리, 이들 중 어떤 사람들은 몇 년 동안 서로 보지 못했을 것이다. 그리고 어떤 사람들은 전에 만난 일이 전혀 없다. 여행하기 어려운 노약자 친척들은 그 예식에 참여하기 위해 특별한 노력을 기울였을 것이다. 결과적으로 그들이 함께 나아온 그 장소는 이러한 개인들이 적어도 이 한 번의 기회에 예배하는 공동체를 만들어낼 수 있도록 격려하고 또 그것이

가능하도록 디자인되어야 한다. 모이는 공간은 우아하고, 환대를 느낄 수 있어야 하며, 대화와 상호 작용을 이끌어내야 한다. 그곳은 그저 지나쳐 가는 곳이 아니라 사람들이 만나는 장소가 되어야 할 것이다. 모임 장소를 위한 이러한 요구들은 1장에서 각각 이미 언급했다. 그러나 이러한 요구들은 그리스도인의 결혼이라는 이 경우에 특별히 더 강조되어야 한다.

일단 그 공동체가 모이면, 예식은 두 사람이 하나님과 증인들 앞에서 서로에게 자신을 맡기는 일련의 말과 행동들로 진행된다. 서로 손을 잡고, 반지를 교환하고, 약속을 하고, 기도를 드린다. 모인 공동체는 이 모든 것이 진행되는 동안 단지 수동적인 관찰자가 아니라 능동적인 참여자로 함께한다. 그들은 그들의 삶에서 신랑과 신부를 지지하기로 서약하고, 그 부부를 위해 기도를 드린 후에 남편과 아내가 된 그들에게 처음으로 인사한다. 공동체의 참여에 대한 이러한 강조는 모든 교파에서 그리스도인의 결혼에 대한 새로운 예식들이 지니는 특징 중 하나다.

참여에 대한 이러한 강조 때문에, 그리고 기독교 결혼이 매우 웅변적이기 때문에, 결혼식을 행하는 동안 이뤄지는 말과 행동들 모두가 참석한 공동체의 모든 구성원 각자에게 분명히 전달되는 것이 중요하다. 나아가, 기독교 예배로서의 그리스도인 결혼 예식에 대한 새로운 이해로 인해 결혼식이 거행되는 건물과 공간에 대해 어떤 중요한 요구들이 생기게 되었다. 오늘날 우리는 그리스도인의 결혼에 적합한 공간을 결정하는 데 있어 과거처럼 때때로 사회적 관습들이나 꽃꽂이 또는 사진사들의 편리성보다는 오히려 예전적 관심들이 주도적 역할을 하는 것을 발견한다.

일단 공동체가 모이고 구성되면, 결혼 관계자들과 결혼 예식을 집례할 사람들이 교회 안에서 회집한다. 일상적인 예배에서 리더들이 교회 안에 모이는 방법들이 다양하듯이, 결혼 관계자들이 모이는 방법도 다양하다. 새로운 의식의 대부분에서는 특별히 정해진 지시 없이, "결혼할 분들은 증인들과 함께 입장해주시기 바랍니다" 또는 간단히 "모이세요"라고 말한다. 때로는 신랑과 신부가 교회의 주 출입구에서 손님들에게 간단히 인사하고, 그들과 함께 예배 공간의 앞자리로 나아온다. 그런 후에 집례자(들)는 그 공동체의 특별한 관습을 따라서 들어온다.

어떤 교회들에서는 실제로 집례자(들), 신랑, 신부, 들러리들, 가족들, 그리고 성서일과를 읽거나 대표 기도를 할 사람들이 교회의 앞쪽 가까이에 있는 옆문을 통해 함께 들어와서 참석자들 모두가 볼 수 있는 장소에 자리 잡는다. 오늘날에는 신랑과 신부가 함께 들어오는 것이 서로의 동등함을 나타내는 중요한 상징이라고 생각하는 사람들이 많다. 성물실의 문은 결혼 관계자들이 교회로 들어오는 가장 편안한 길이다. 이 경우에 그들과 집례자(들)는 예식이 시작되기 전에 성물실에 잠시 모일 것이다. 그러나 벽에 여러 개의 전신 거울을 부착한 넓은 성물실은 논의해야 할 또 하나의 문제다(3장 참조).

아마도 가장 친근한 입장 방법은 신부와 들러리들이 개선 행진곡에 맞추어 교회의 뒤로부터 들어와서 앞에 있는 신랑과 들러리들, 그리고 집례자(들)에게로 나아가는 신부의 행진이다(실제로, 영어에서는 "통로를 따라 행진해가다"to march down the aisle라는 구절이 결혼과 동의어가 되었다). 건축적으로는, 신부 행진의 전통이 중앙 통로의 양측에 회중석을 어떻게 배열해야 하는가라는 주요 논점을 제기하면서, 교회 건물의 형태에 상당한 영향을 끼쳐왔다.

오늘날에는 신부 행진에 반드시 중앙 통로가 필요한 것은 아니다. 많은 경우에 신랑과 신부의 동등성이 강조되면서, 신부 행진은 동시에 이루어지는 두 개의 행진으로 바뀌었다. 그중 하나는 신부와 그 가족과 들러리들의 입장이고, 다른 하나는 신랑과 그 가족과 들러리들의 입장인데, 이 입장 행진은 회중이 입장 찬송을 부르는 동안 진행된다. 이 경우에는 중앙 통로 대신 양측에 있는 두 개의 통로를 사용하는 것이 더 낫다. (이러한 결혼 행진의 관습과 관련하여 예배 공간의 앞쪽으로 행진하기 위해 기다리는 결혼 관계자들을 수용하기에 넉넉한 크기의 현관홀이나 모이는 공간에 대한 또 다른 충분한 논의가 필요하다.)

신부가 입은 드레스의 너비가 1.5미터나 되는 경우도 있고, 또 신부의 인도자가 공간을 차지하기 때문에, 신부가 행진할 통로는 통상적인 주일 예배를 위한 통로보다 더 넓어야 한다(1장 참조). 게다가 양가 부모들이 인도해주기를 원하는 신부들이 많은데, 이때에는 통로가 훨씬 더 넓어야 한다. 이러한 요구 사항들은 결혼 당사자들이 통과할 문들에도 적용된다.

결혼 관계자들과 집례자(들)는 일단 교회 안으로 들어오면, 통상적으로 회중석의 첫 번째 열 앞의 공간에 모인다. 거기서 집례자는 참석한 사람들에게 인사하고, 그들이 모인 목적을 설명하고, 신랑과 신부에게 결혼할 의사를 공개적으로 선언할 것을 요청한다. 새로운 예식들 대부분에서는 집례자가 회중에게 그들의 삶에서 그 남자와 여자를 기꺼이 지지하겠다고 확언할 것을 요청한다. 비록 많은 새로운 결혼 예식에서는 선택 사항이기는 하지만, 이 지점에서 신랑과 신부의 양친은 그들이 결혼하였음을 발표할 수 있다. 여기서 두 번째의 건축적 고려가 필요하다. 많은 교회가 회중석의 첫 번째 열과 단상 계단이나 난간 사이에 이러한 행동들을 수용할 만한 충분한 공간을 가지고 있지 않아 전체 진행 과정이 답답하고 불편한 느낌을 준다.

집례자와 신랑, 신부 사이의 대화에서 핵심 본질은 그 대화들이 공적이라는 것이다. 회중은 그 서약들을 증거하고 그들을 지지하기로 약속함에 있어 중요한 역할을 수행하기 때문에, 모두가 그 진행 과정들을 보고 들을 수 있도록 하는 것이 특별히 중요하다. 기독교 공동체의 다른 모임들에 적용되는 적절한 시야와 음향에 대한 요구들과 친밀한 느낌은 그리스도인 결혼 예식의 경우에도 분명히 적용된다.

인사와 권면, 그리고 의사 표시를 서로 주고받은 후에 예식은 하나님의 말씀의 선포로 이어진다. 이것은 보통 기도와 성서 봉독, 그리고 찬송, 노래, 시편 송가의 형태로 이루어지는 회중의 응답, 그리고 설교 또는 '부부에 대한 권면' 등으로 구성된다. 말씀의 예배에 가장 적합한 건축적 환경이 결혼 예식의 이 부분을 위해서도 다시 한 번 유익하게 작용할 것이다. 낭독자들은 결혼 관계자들과 함께 들어갈 수도 있고, 회중 속의 그들의 자리로부터 설교대로 나오거나, 특히 규모가 작은 결혼식에서는 그들의 자리에 서서 본문을 읽을 수도 있다. 마찬가지로 설교는 설교대나 복도 또는 회중석 앞의 공간에서 이루어질 수 있다.

이 지점에서 결혼 예식 고유의 가장 현저한 문제는 말씀이 선포되는 동안 결혼 관계자들을 위한 좌석들을 어디에 둘 것인가이다. 이를 위해 회중석의 첫 번째 열을 비워두거나 편리한 장소에 이동식 의자를 배치해둘 수도 있다. 신랑, 신부와 들러리들을 위한 좌석을 성단소(강단) 영역 안에 둘 수 있겠지만, 이것은 하나님의 말씀 선포로 향해야 할 회중의 주의를 오히려 그들에게 향하게 할 수 있기에 바람직하지 못하다. 따라서 첫 번째 열 앞의 공간이 그러한 자리들을 제공할 수 있도록 충분히 넓어야 한다.

예배는 결혼 서약과 함께 계속된다. 신랑과 신부는 서약 순서에서, 서로에게 약속을 하고 반지나 다른 기념품을 교환하고, 그리고 그들의 함께할 삶을 위해 기도를 드린다. 예식의 이 부분을 위해, 결혼 관계자들은 통상 성찬상 앞의 공간으로 이동한다. 그 공간은 상당수의 사람들을 수용하기에 충분할 만큼 커야 한다. 만일 이 공간이 충분히 크지 않으면, 신랑과 신부 그리고 신랑의 도우미와 신부의 들러리들만 집례자(들)와 함께 성단소 안으로 들어가고 다른 사람들은 자리에 남아 있을 수 있다.

예식의 이 부분이 진행되는 동안 감사와 중보의 기도가 드려지고, 집례자는 하나님께 이 결혼에 복을 내려주시기를 청한다. 만일 기도하기 위해 무릎을 꿇는 것이 지역 전통이라면, 무릎받침대가 제공되어야 한다. 가끔 신랑과 신부가 결혼 축복을 받기 위해 무릎을 꿇을 수 있도록 휴대용 기도대prie-dieu를 가져오기도 한다.

많은 경우 결혼 예식은, 신랑과 신부가 남편과 아내로서 참여하는 첫 번째 행동이 될 주님의 만찬으로 이어진다. 결혼 관계자들은 말씀의 예배를 위해 앉아 있던 그들의 자리로 돌아가고, 집례자는 주님의 만찬을 준비한다. 어떤 때는 신랑과 신부가 교회 뒤쪽에 있는 작은 테이블로부터 빵과 포도주를 성찬상으로 운반하는 역할을 한다. 결혼 예식에서 주님의 만찬을 기념하는 데 필요한 건축적 요구 사항들은 다른 예배에서 주님의 만찬을 기념하는 경우와 모든 점에서 동일하다(3장 참조). 어떤 경우에도, 주님의 만찬은 결코 '많은 관객이 참관하는 스포츠'가 되어서는 안 되며, 회중이 전적으로 참여할 수 없거나 참여하려 하지 않는다면, 그것은 단지 결혼 관계자들만을 위한 예식으로서 행해지기보다는 오히려 또 다른 행사로 바뀌어야 할 것이다.

특별한 요구 사항들

많은 교회들이 주 예배 공간(8장 참조) 외에 평일 또는 성만찬을 위한 소예배실을 가지고 있으며, 그곳은 보다 작은 결혼식을 위해 이상적인 공간이다. 소예배실은 모든 결혼 예식에 요청되는 따뜻함과 환대의 분위기를 제공할 수 있다. 이러한 공간 분위기는 큰 공간에서 특히 적은 사람들이 모였을 때에는 얻기 어렵다.

만일 소예배실에 이동식 의자들이 있다면, 복도를 만들거나, 결혼 관계자들과 집례자 주위에 반원을 형성하도록 의자들을 배열하는 등, 그 결혼 예배에 합당한 어떤 배열이라도 가능하다. 작은 규모의 결혼식은 주 예배 공간에 있는 트란셉트에서 이루어지거나, 보다 친밀한 공간을 만들기 위해 그 일부를 스크린으로 가릴 수도 있다.

때때로 신부와 그녀의 도우미들은 결혼을 위한 준비를 교회 안에서 하고 싶어하며, 이를 위해 교회에서 드레싱 룸을 제공하기도 한다. 그 방은 화장대와 거울, 그리고 가까이에 세면기와 화장실을 가지고 있어야 하며, 거기서 신부가 교회나 소예배실에 쉽게 들어갈 수 있는 곳에 위치해야 한다. 이상적으로는, 그 위치 때문에 결혼 관계자가 예식 전에 교회 밖이나 교회의 중심부를 지나서 걸어가게 해서는 안 된다.

비록 결혼이 가족들의 재능을 보여주는 기회가 아니라는 것을 강조했지만, 어떤 교회들은 신랑, 신부가 결혼 음악을 자유롭게 선택하고 그 음악들이 연주되도록 기꺼이 허용한다. 이것은 점증적으로 전통적인 오르간 음악이 전자 음악으로 대치된다는 것을 의미한다. 따라서 성단소 안이나 주위에 전기 플러그를 충분하게 설치해야 한다(7장 참조). 멀티플러그에 연장 코드들을 연결하는 것은 화재의 위험이 있다. 이는 이 공간에 대한 잘못된 계획 때문이다.

결혼은 그 공동체 외부의 사람들을 포함하는 행사들 중 하나이며, 그들의 참석은 때때로 건축 공간의 장치물과 그 배열에 영향을 준다. 꽃꽂이 전문가들은 그들이 장식하려는 건물을 그에 합당한 만큼 존중하지 않기 때문에, 그들을 잘 감독해야 한다. 망치와 못으로 무장한 그들은 가끔 꽃 장식을 위해 상당한 양의 목재 제품들을 망가뜨릴 수도 있고, 순식간에 페인트를 칠해버릴 수도 있다. 꽃 장식이 가장 중요한 신앙의 상징들을 가리거나 성찬상과 세례반 또는 설교대 위에 놓여서는 안 된다.

사진사나 비디오 촬영사들 역시 그리스도인의 결혼 예식을 방해할 수 있고, 결혼식을 거행하는 장소를 손상시킬 수 있다. 사진사들은 '즉각적이고 정확한 효과'를 얻기 위해서 카메라 받침대 같은 설비들을 사용하거나 설교대나 성찬상 위로 올라가는 것도 서슴지 않는다. 따라서 교회는 사진사와 꽃꽂이 전문가들 모두의 역할을 정의하는 일련의 엄격한 지침들을 가져야 한다. 그러한 지침들은 값비싼 보수비용을 피하게 할 수 있다.

교회건축과 예배 공간

마지막으로, 많은 회중이 그들의 교회 건물 안에서 이루어지는 결혼식에서 쌀과 색종이 조각들을 뿌리지 않도록 요청한다. 쌀과 색종이 조각들은 치우기가 어렵다. 또한, 단단한 바닥 위에 뿌려진 쌀알은 안전상 심각한 위험 요소가 될 수도 있고, 색종이 조각의 색깔이 바닥의 다공질 재료나 카펫 속에 스며들 수도 있다. 실로 이러한 문제들은 교회 건물을 결혼식에 사용하는 것을 제한할 충분한 이유가 될 만하다. 생태학적 관심 속에서 때때로 새의 모이가 괜찮은 대안으로 제시되기도 한다.

기독교의 결혼 예식을 기독교 예배의 하나로 여기는 것은 최근의 여러 교단의 공식적인 예배 자료들에서 발견할 수 있는 가장 중요한 변화 중 하나다. 비록 교회 건물이 이따금씩 기독교 예배와는 관계없는 결혼식들을 위해 사용된다 하더라도, 각 공동체는 그 안에서 기독교 결혼 예식의 말과 행동들이 분명히 나타날 수 있도록 건축 환경을 제공할 책임을 가진다. 또한 기독교 결혼 예식에서 그에 버금가게 중요한 것은 그 공간의 디자인으로, 그 공간 안에서 모든 회중이 신혼부부와 함께 새로운 관계 속으로 들어가고, 그들에게 지지와 격려를 약속하면서, 그저 수동적인 관객으로서가 아니라 예배의 참여자로서 기능할 수 있게 하는 것이다.

6
기독교 장례식을 위한 장소

우리는 다음 두 가지 질문을 가지고 있다. 기독교 공동체는 죽음이라는 사건에서 공동체로서 무엇을 하는가? 이러한 행동들을 위해서 어떤 종류의 공간이 필요한가?

우리는 그리스도인의 죽음에 대해 이야기하고 있다. 많은 상업적 장례시설들은 다른 사람들(그리스도인들도 포함되는)의 장례식을 위한 공간을 제공한다. 그러나 여기서 우리의 관심은 그 죽음이 교회 건물에서 공동체에 의해 함께 추모되는 기독교 공동체의 구성원들을 위한 장례식에 관한 것이다.

그리스도인의 장례식

많은 경우들 중에서, 이제 교회 건물에서 한 그리스도인의 장례식을 갖기 위한 사례를 만드는 것이 필요하다. 현대의 상업주의는 우리의 장례 관습들을 세속화하는 데 매우 완벽하게 성공했다. 그래서 그리스도인들은 그 성격이 다른 낯선 상업시설이 아닌, 그들이 예배했던 장소에서 장례식을 치르는 것을 더 이상 당연하게 여길 수 없게 되었다. 그러나 여전히 이러한 형태의 세속화에 반대하여 그리스도인이 죽을 경우에 예배드리기 적합한 곳이 바로 교회라고 주장하는 저항의 흔적들signs이 있다. 이러한 저항에는 몇 가지 이유가 있다.

공동체의 주요 사역들 중 하나는 유족들을 위로하고 감싸는 것인데, 친근한 공간과 가구들을 포함한 교회 건물 자체는 그러한 위로를 주는 중요한 요인들을 제공한다. 한 생애 동안의 기쁨과 슬픔의 시간들이 이 장소들과 연관되어 있다. 따라서 그 친밀한 장소에서 친밀한 사람들이 모여 한 그리스도인의 삶을 추모하는 것은 적절한 일이다. 낯선 곳에서는 공동체의 평상시 모습이 나타나지 않는다. 친구들이 돕기 위해 여기 있다는 그 공동체의 메시지는 낯선 환경에서는 잘 들리지 않는다.

교회는 예식 전체를 관리해야 한다. 장의사가 관리하는 일반적인 장례 공간에서 나타나는 최소한도로 공통적인 종교적 상징들에는 한 종파 고유의 풍부한 상징들이 가지는 힘이 결핍되어 있다. 대부분의 장례식장들은, 다른 사람들의 기분을 상하게 하지 않기 위해서 부활에 관련된 어떤 종류의 상징도 두지 않는다. 음악 설비로 파이프오르간을 갖추고 있는 곳은 거의 없다. 테이프에 녹음된 음악은 일반적으로 그 음질이 좋지 않아서 음악가들이 연주하는 음악을 대신하지 못한다. 찬양대는 교회의 장례에서는 가능하지만, 장례식장에서는 흔치 않다. 장례식은 그 장례식으로부터 이익을 취하는 사람들이 아니라, 장례를 위해 모인 믿음의 공동체가 관장해야 한다. 어떤 교단들은 이러한 단순한 주장을 하면서, 모든 장례를 교회에서 치른다.

기독교 공동체의 사역은 인생의 어떤 경우보다도 죽음의 사건에서 가장 가시적으로 드러난다. 새로운 교외 지역의 교회에서는 죽음이 드물거나 예상치 않게 발생되는 사건이어서 이 점이 두드러지게 나타나지 않기도 하지만, 죽음은 결국 모든 공동체에서 일어난다. 그리고 이 사건들 가운데 기독교 공동체는 다양한 방법으로 유족과 고인을 섬긴다. 공동체는 장례 예배에서 하나로 통합되며, 그 유족들이 다시 공동체 안으로 통합될 때, 공동체는 그 사역을 계속한다.

이제 공동체의 이러한 사역들 중에 하나인 기독교 장례식에 관해 생각해보자. 기독교 공동체는 죽음 앞에서 하나님의 권능을 선언하기 위해 모인다. 죽음은 하나님의 권능과 사랑에 대한 믿음에 맞서는 궁극적인 도전이다. 그리고 장례식은 공동체가 계속해서 하나님을 신뢰한다는 담대한 불굴의 선언이다. 모든 기독교 장례식은 성서에 선포된 하나님의 약속들에 일차적으로 초점을 맞춘다. 그리고 그 예식의 많은 부분은 하나님의 말씀을 읽고 선포하는 것을 중심으로 해서 이루어진다. 삶의 경우와 마찬가지로 죽음의 경우에도, 공동체는 주님으로부터 오는 말씀을 듣기 위해 모이며, 평안과 구원의 확신에 관해 듣는다. 선언되는 이 말씀은 매 주일 듣는 것과 똑같지만, 이제는 특별한 긴박성을 띤다. 하나님에 대한 믿음이 그것이다. 이 말씀이 일생 동안 매주 선포되었고 이제 죽음의 순간에 선포된다. 즉 동일한 장소, 동일한 사람들에게지만 다른 상황에서 말씀이 선포되는데, 그 장소에 분명한 연결점이 있는 것이다. 그러므로 다른 무엇보다도 공동체는 죽음 앞에서까지도 하나님의 권능을 선언하기 위해 모인다.

또한 공동체는 한 사람의 살아온 일생에 대해서 감사를 드리기 위해 모인다. 공동체는 일반적인 삶을 기념하는 것이 아니고 이제 막 마감한 특별한 사람의 일생을 기념한다. 이러한 의미에서 그것은 일반적인 형태가 아닌, 한 특별한 삶에 관한 독특한 점에 초점을 맞춘 매우 개인적인 형태의 예배다. 공동체가 과거의 역사에서든 이 특별한 삶의 창조에 대해서든 하나님의 행동을 기념하기 위해 모일 때, 때로는 기도로, 또 때로는 찬송으로 하나님께 감사드리기를 잊어서는 안 된다. 점차 장례식에서 주님의 만찬이, 죽음이 마지막 승리자가 아니고 "하나님이 우리 주 예수 그리스도로 말미암아 우리에게 승리를 주신다"(고린도전서 15:57)는 믿음 안에서, 이 특별한 삶에 대해 감사드리는 공동체의 형식으로서 기념되는 일이 많아지고 있다.

기독교 장례식에서 매우 중요한 부분은 공동체가 함께 참석하여 유족들을 둘러싸고 위로하는 일이다. 가장 필요할 때 단지 거기에 있다는 것만으로도 특별히 무슨 말이나 행동을 하는 것보다 더 위로가 될 수 있다. 이것은 장례 그 자체로 끝나는 것이 아니다. 그것은 집이나 묘지에서의 죽음의 과정에서 함께하는 문제다. 가족들을 위해 음식을 가져오는 관습은 단지 참석하는 것 자체가 그 유족들에게 얼마나 중요한지에 대한 확실하고 구체적인 표현이다.

기독교 장례식은 또 다른 기능, 즉 죽은 자를 하나님께 맡기는 기능을 가지고 있다. 마치 살아 있을 때 공동체가 기도 안에서 서로 하나가 되었듯이, 죽음 안에서도 그 살아온 삶에 대해 감사를 드리고 죽은 자를 하나님의 계속되는 돌보심에 의탁한다. 이것은 주로 기도의 행동이다.

마지막으로 시신을 땅에 매장하거나 바다에 수장하여 맡기는 기능이 있다. 이것은 순수하게 실용적인 기능 이상의 의미를 가진다. 왜냐하면 그것은 공동체의 활동적인 삶으로부터 죽은 자의 분리를 가시화하기 때문이다. 이 분리의 행동이 실행되지 않을 때에는, 종종 애도의 과정이 과도하게 오래 지속될 심각한 위험이 있을 수 있고, 이것이 추도예식의 문제들 중 하나다. 죽음은 통과의례에 의해 기념된다. 공식적인 집회에서 관을 치우고 무덤이나 묘지에 안치하는 것은 예식의 중요한 부분이다. 분리의 현실을 거부하는 어떤 시도도 유족들에게 도움이 안 되며 오히려 해가 된다. 죽음의 최종성은 그 예식 안에서 이루어지는 어떤 말보다도, 시신을 처리하는 행동들에 의해 강조된다.

기독교 장례식은 하나님의 권능을 선언하는 것, 특정한 일생에 대해 감사하는 것, 유족을 격려하는 것, 죽은 자를 하나님께 의뢰하는 것, 시신을 처리하는 것 등의 몇 가지 중요한 기능들을 가지고 있다. 기독교 장례식을 위해 공간을 계획할 때 이 모든 것을 고려해야 한다.

장례 공간

이러한 기능들을 위해 어떤 종류의 공간들이 필요한가? 그 필요한 공간들은 상당 부분 통상적인 주일 예배와 비슷하다 그러나 몇 개의 중요한 부분에는 특별한 주의를 기울여야 한다. 이들 중에 가장 중요한 것은 0.9×1.8미터 정도 되는 관의 크기로, 이는 보통 볼 수 있는 사람의 모습과는 달리, 수평적이고 다른 여러 사람에 의해 운반되어야 한다는 점에서 중요한 차이들을 가지고 있다. 이러한 스케일상의 변화들은 모든 점에서 우리가 논의할 것을 알려준다.

　우리가 기독교 장례식을 위한 실제적인 공간을 계획할 때, 관을 위한 장소로부터 시작할 필요가 있다. 대부분의 교회들은 예식의 어느 부분에서 관을 열어놓는 관행을 더 이상 실행하지 않는다. 그래서 관을 더 이상 성찬상과 회중석 의자들에 평행하게 배치해둘 필요가 없어졌다. 대신 관을 성찬상과 회중석 의자들에 직각이 되도록 통로에 둘 수 있다. 보통 관은 성찬상 바로 앞의 보다 낮은 평면에 둔다. 수찬대가 있을 때에는 관이 그 난간들을 막지 않도록 해야 한다. 그리고 성찬상과 회중석 의자의 첫 번째 열 사이가 관과 모든 참석자들로 혼잡하지 않도록 충분한 공간이 있어야 한다.

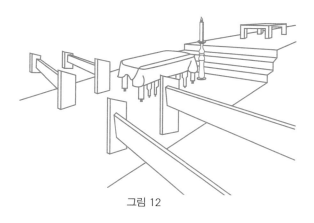

그림 12

세례반이 교회의 앞부분 가까이에 있는 곳에서는 관을 위한 공간을 거기에 두어도 좋다. 많은 새로운 장례식들은 세례와 장례 사이에 연결점을 분명히 한다. "세례에서 [고인의 이름]이 그리스도를 덧입듯이, 그리스도 안에서 [고인의 이름]이 영광으로 덧입혀진다." 런던에 있는 로마 가톨릭 교회인 세인트 찰스 보로메오St. Charles Borremeo 교회는 관이 중앙 통로 중간에 바닥보다 낮게 설치된 침례조 바로 위에 안치되도록 건물을 개조했다. 부활의 상징인 부활절 초를 종종 관의 끝에 세워두기도 한다.

관을 열어두지 않을 때에는, 보로 덮는 것이 가장 바람직하다. 이 보는 약 1.8×3미터 정도의 천으로 만들어지며, 교회용품점에 주문하거나 지역에서 만들 수 있다. 통상적으로 보의 중앙에는 십자가 형상을 새겨 넣고, 색깔은 일반적으로 그리스도 안에서 계속적인 성장을 암시하는 흰색 또는 초록색을 사용한다. 보는 관 위를 꽃으로 덮을 필요가 없게 하고, 값이 비싼 관과 싼 관 사이의 차이들을 덮어준다. 이런 의미에서 모든 이는 하나님 앞에서 동일하게 보인다.

더욱 중요한 것은 그 보가 그리스도인의 믿음의 중심적 상징인 십자가와 죽은 자의 시신을 분명하게 연결한다는 점이며, 이는 잘라 장식한 꽃들이 하지 못하는 일이다.

꽃들은 통상적으로 수찬대나 계단들을 따라서 배치해야 한다. 그리고 꽃들이 스스로 무언가를 증거하는 성찬상과 설교대 또는 세례반을 가리도록 전시해서는 안 된다. 때때로 관의 네 모서리의 바닥에 각각 한 개씩 초를 꽃은 네 개의 촛대를 세워두는 것이 바람직하다. 성찬상에 가장 가까운 쪽에 있는 관의 끝 부분에 부활절 초나 행렬용 십자가를 세워도 좋다.

이 예식의 주요한 상징적 행동은 관을 운반해 들어오고 나가는 것이다. 따라서 중앙 통로는 관과 운구자들이 통과할 수 있을 만큼 충분히 넓어야 한다. 관에 바퀴가 있을 때라도, 운구자들과 찬양대 그리고 성직자가 앞으로 나아가거나 뒤로 물러나기에 충분한 공간이 필요하다. 불행히도, 많은 교회들은 관을 수평을 유지하면서 들여오고 내가는 어려움을 생각하지 않고 설계되었다. 계단들은 관을 들어 운반하는 경우든 바퀴에 실어 운반하는 경우든 불편하고, 특히 중간에 난간이 있어 관을 들어 올리거나 또는 볼썽사납게 미끄러뜨려 운반해야 한다면 더욱 불편하다. 만일 계단이나 복도의 회전 반경이 약 1.8미터보다 작다면, 관을 운반하기 어렵다. 그러한 통로들에 대한 신중한 계획은 장례식이 훨씬 더 품위 있게 진행되도록 만든다.

기독교 장례식을 위해서는 어떤 비품들이 필요하다. 장례식의 상당 부분은 설교대에 초점이 맞추어지고 다른 부분들은 성찬상에 초점이 맞추어져 있다. 성서는 의식의 주요 부분을 이룬다. 하나님의 위로의 말씀은 설교대에서 봉독될 때 더욱 권위를 가진다. 추모되고 있는 특정한 삶에 대해 비공식적으로 언급하거나 증언이 제시될 수도 있다. 이것은 자주 성찬상 앞에서 이루어진다. 그리고 장례식에서 성찬식이 거행될 때에는 회중이 성찬을 받을 수 있다. 이때, 성찬식을 집례하는 사람이나 분배하는 사람들이 관을 지나서 이동할 수 있도록 주의 깊은 계획이 필요하다. 어떤 경우에는 관과 이 움직임을 수용할 수 있도록 중앙 통로의 바로 앞부분을 더 넓게 하는 것이 가장 좋은 방법이다.

어떤 장례 용품들이 필요할 것이고, 그것들을 보관할 수납공간이 제공되어야 한다. 한때 교회는 관을 운반하는 수레를 보관할 필요가 있었지만, 지금은 이것들을 일반적으로 장의사가 공급한다. 흥미롭게도 이 휴대용 고안품들을 '교회 트럭'church truck이라고 불렀다. 성찬상과 행렬용 십자가, 부활절 초, 장례보에 사용되는 적당한 촛대들은 교회가 준비해야 한다. 화훼장식가가 가끔 꽃꽂이대를 가져오긴 하지만, 교회가 작고 두드러지지 않는 테이블들을 가지고 있으면 편리하다.

현관이나 전실 같은 모이는 공간은 특히 한동안 보지 못했던 가족과 친구들에게 인사를 나누는 장소로서, 이 예식에서 특별한 기능을 가진다. 꽃 장식들 중 일부는 여기에 두어도 좋다. 고인의 친구들과 가족이 방명록을 적도록 여기에 테이블을 두는 것도 바람직하다. 어떤 공동체들에서는 특히 교회에서 멀리 떨어진 장례식장에서 조문 시간을 가졌을 때, 이곳은 사람들이 장례식에 앞서 시신을 볼 수 있는 장소로 사용된다.

어떤 장례식장은 유족들을 예배자들로부터 분리시키기 위한 특별한 공간들을 가지고 있다. 이것은 교회 공간 디자인에서는 모방되면 안 된다. 왜냐하면 유족들을 위로하기 위해 모인 회중의 참석이 가장 중요한 상징이기 때문이다. 유족들이 비록 특별한 회중석을 차지하고 있다 하더라도, 그들은 공동체 안에 그리고 공동체와 함께 가능한 한 가까이 있어야 한다. 때때로 예식 전후에 유족들이 모이고 준비하기 위한 분리된 방이 필요하다.

최근에 몇몇 교회들(예를 들면, 인디애나 주 카멜 시에 있는 세인트 엘리자베스 세톤 교회 같은)은 철야를 위한 공간을 설계했다. 철야는 평일에 사용하는 채플 또는 성찬 채플에서 쉽게 행할 수 있다. 그 한쪽 옆에 볼 수 있도록 열린 관을 둘 수 있다. 그들이 시신을 볼 때 기도하기 위해 무릎 꿇을 수 있도록 기도대가 준비되어야 한다.

매장을 위한 장소들은 8장에서 논의될 것이다. 그러나 우리는 여기서 외부 공간에 대해 몇 가지를 이야기하려 한다. 목사가 관을 만나고 그것을 교회 안으로 인도했던 지붕이 있는 중세의 묘지 입구의 문lichgate은 이 나라에서 거의 모방되지 않고, 실제로 별로 사용되지도 않는다. 그러나 그것은 기독교 장례식이 건물에서만 이루어지는 것이 아니라는 점을 우리에게 상기시켜준다. 실제로 의식 그 자체는 그 건물을 중심으로 살아가는 공동체로부터의 분리를 의미하는 매우 중요한 입구를 지나가는 것을 포함한다. 사람들은 영원히 떠나기 전에 그 친밀한 예배 장소에 돌아옴으로써 그 마지막 여행을 출발한다.

우리 문화 속에서 매장은 늘 다른 장소에서 일어난다. 따라서 매장지로 이동하려면 자동차를 타고 출발해야 한다. 영구차, 가족의 자동차, 조문객들의 자동차, 특히 노약자들의 자동차를 위한 주차 공간은 접근이 용이하도록 주의 깊게 계획해야 한다. 때때로 이 공간에 이동식 안내판을 준비해야 한다. 교회 입구로부터 영구차로 이동하는 일이 품위 있고 편안하게 이루어지도록 심사숙고해야 한다.

7

교회 음악을 위한
장소

인간의 모든 언어들 중에서 음악은 가장 강력하고 호소력 있는 언어 중 하나다. 우리는 축하하거나 애도하기 위해, 가장 깊은 기쁨과 슬픔을 표현하기 위해 음악을 사용한다. 또한 음악은 인간의 역사를 통틀어 우리와 하나님의 관계의 풍성함을 표현하는 언어들 중 하나였다. 실제로 음악은 무형의 것이며, 잠시 있다가 사라지는 것이어서, 모든 예술 중에서 가장 '영적'이며, 어떤 면에서는 하나님을 예배하기에 특별히 적합하다고 여겨진다.

그리스도인으로서 우리는 음악이 우리 신앙을 표현하기에 적합한 방법이라는 것을 발견했다. 우리가 지닌 공통된 기억의 일부는 음악을 통해 하나님을 예배하는 것이다. 우리는 성서를 통해, 유대 백성의 예배에서 음악이 그들에게 얼마나 중요했는지를 배웠다. 우리는 하나님이 자기 백성을 이집트의 노예로부터 구원해내신 것을 축하하기 위하여 미리암이 기쁨의 노래를 부른 것을 발견한다(출애굽기 15장). 우리는 다윗 왕이 레위인들에게 노래 부르는 자와 악기 다루는 자들을 세워 즐거운 소리를 크게 내라고 명령한 것을 발견한다(역대상 15:16). 그리고 구약 성서 이야기 전체에 걸쳐서 "여호와를 찬송하라!"라는 훈계가 나타난다(예. 출애굽기 15:21; 예레미야 20:13). 가장 중요한 것은 온전한 한 권의 책인 시편이 노래집, 곧 이스라엘의 하나님을 예배하는 사람들을 위한 찬송가집이라는 사실이다.

비록 신약의 증거가 빈약하긴 하지만, 예수의 최초의 추종자들은 예배 음악에 중요한 의미를 부여했던 유대의 전통을 채택했던 것 같다. 가장 익숙한 참조 구절은 에베소서의 한 구절(5:18b-19)일 것이다. 거기에서 기자는 에베소에서 교회가 예배로 모일 때 할 일에 대해 이렇게 가르쳤다. "성령으로 충만함을 받으라, 시와 찬송과 신령한 노래들로 서로 화답하며, 너희의 마음으로 주께 노래하며 찬송하며." 우리는 이 찬송들 중 일부가 신약에 여기저기 흩어져 있음을 발견한다(마가복음 14:36; 에베소서 5:14; 디모데전서 3:16; 6:15). 가장 아름다운 구절들 중 하나에서(누가복음 1:46b-55), 마리아는 이러한 찬양의 노래를 부른다. "내 영혼이 주를 찬양하며, 내 마음이 하나님 내 구주를 기뻐합니다!"

이어지는 세기들을 통틀어, 음악은 계속해서 기독교 찬양과 기독교 신학을 위한 매개 수단이 되었다. 비록 교회와 교회를 둘러싼 세상이 변하면서 음악도 변했지만, 모든 기독교 전통들은 많든 적든 간에, 풍부하고 생명력을 가진 신앙의 어휘를 음악에서 발견해왔다. 단선율 성가와 다성음악, 루터교회의 합창들과 영국의 찬송들, 낭만적인 미사곡들과 흑인 영가들 모두가 훌륭하게rich 잘 짠 태피스트리tapestry의 일부로서 기독교 신앙의 음악적 표현이다.

그러나 음악의 아름다움, 기교 또는 오락적 가치 그 자체가 기독교 공동체의 예배 생활의 일부는 아니다. 오히려 음악은 그리스도의 백성의 찬양과 기도에 목소리를 부여한다. 예배에서 음악의 특별한 힘은, 음악이 인간의 마음속 깊은 곳까지 도달할 수 있어서 우리로 하여금 우리가 생각하는 것만이 아닌, 느끼는 것까지도 말할 수 있게 한다는 데 있다. 음악은 기독교 공동체의 결속을 강화시킨다. 음악은 연설이나 몸짓보다 훨씬 더 풍부한 방법으로 우리를 하나 되게 한다. 우리는 우리 자신을 음악에 내맡기고, 그렇게 함으로써 서로에게 내맡긴다.

음악은 그처럼 강력한 표현 수단이기 때문에, 기독교 공동체에 분열을 일으킬 가능성도 있다. 가장 치열한 논쟁들 중 일부는 어떤 음악이 하나님의 예배를 위해 가장 적합한가라는 문제와 관련해 벌어지고 있다. 새로운 교단 찬송가집의 준비를 책임진 어떤 위원회는 "찬송가 중 어떤 것도 우리에게서 빼앗아 가지 말라"는 편지 공세를 받았다. 교회 음악과 관련하여 우리가 사용하는 언어는 대단히 개인적이고 감정적이며, 교회에 대한 우리 대다수의 경험은 교회 음악에 대한 경험과 밀접하게 결합되어 있다.

솔직하게 말하면, 음악은 교회당의 신축이나 개축 프로젝트에서도 많은 논쟁거리를 제공한다. 음악가들은 통상적으로 어떤 회중에서 가장 조직적이고 응집력 있는 집단이다. 그리고 그들은 자주 찬양대의 위치나 오르간 연주대의 위치 같은 중대한 문제의 토론에서 자신들의 주장을 관철시킨다. 건물의 시각적·기능적 측면들의 경우에 그렇게 확고하고 열정적인 주장이 펼쳐지는 일은 별로 없다. 매우 자주, 한 시간의 예배가 몇 분의 합창 음악을 위한 적절한 배경으로 구성되듯이, 건물 전체도 또한 음악가들을 위한 무대장치를 제공하도록 구성된다. 음악과 오르간을 지나치게 중요시하다가 예배 공간을 시각적으로 망가뜨린 여러 교회의 사례를 들 수 있다. 교회당의 신축이나 개축은 실로 정치적인 과정이다. 이 과정에서 모든 구성원이 의사 결정에 동등하게 참여하도록 보장하는 것은 회중의 리더십에 관련된 문제다.

교회건축과 예배 공간

회중의 노래

기독교 예배에서 음악이 사용되는 몇 가지 방법은 기독교 예배가 이루어지는 공간의 모양을 결정하는 데 중대한 영향을 끼친다. 때때로 음악은 예배 공간과 관련하여, 예배의 다른 요소들이 요구하는 사항들과 다르거나 심지어 충돌되는 사항들을 요구한다. 예배에 참석한 모든 사람이 각자 자신의 음악 사역을 할 수 있도록 하는 것은 교회 건물의 중요한 역할이다.

기독교 교회 음악의 핵심은 회중의 노래이며, 기독교 공동체는 예배에서 하나님을 찬양하는 가운데 그들의 목소리를 올려드리고, 그러한 참여를 통하여 예배를 더욱 깊고 풍부하게 한다. 루터교회와 성공회를 포함한 대부분의 개신교회에서 노래는 찬송가, 곧 음악에 맞춘 거룩한 시 안에서 가장 온전하게 실현된다. 교파의 찬송가집들은 가치 있는 동반자들이 되었고, 우리 믿음의 여행을 인도한다.

회중의 노래가 매우 중요하기 때문에, 교회 건물을 건축할 때 모든 필요한 설비를 갖추도록 하여 회중이 최선을 다해 노래할 수 있게 해야 한다. 노래에 자신이 없는 사람들이 그들 역시 다른 사람들과 함께 노래 부르고 있음을 느낄 수 있게 하는 것이 중요하다. 만일 주위에 있는 다른 사람들의 노랫소리를 듣지 못한다면, 그들은 노래를 부르지 않고 다만 조용히 있을 것이다.

회중의 노래를 방해하지 않고 오히려 소리를 충만하게 하는 교회 건물은 회중에게 함께 노래 부르도록 용기를 줄 수 있다. 가장 깊은 음색이 있는 소리를 내기 위해서는, 회중은 좀더 한정된 지역 안에서 집단을 이루어야 한다. 발코니나 알코브alcove, 또는 트란셉트transept 등에 분리되어 있는 작은 그룹은 트인 공간에 함께 모인 더 큰 집단보다 담대하게 노래하지 못할 수 있다. 이렇게 트인 공간에 함께 모임으로써 개개인의 목소리는 모든 방향에서 함께하는 다른 목소리들에 의해 도움을 받는다.

시편 영창psalmody은 예배 공간의 배열에 중요한 영향을 미치는 또 하나의 회중 노래다. 기독교와 유대교 모두의 공동 자산인 시편의 노래나 영창은 기독교 예배에서 중심적 위치를 차지한다. 성구집은 주일 예배를 위하여 하루에 하나의 시편을 제공하며, 어떤 경우에는 12편의 시편을 제공하기도 한다. 특별한 예배에서뿐 아니라 주일 예배에서도 매우 자주 시편들을 교송한다(번갈아가며 노래한다). 하나의 음악 작품을 나누어서 둘 또는 그 이상의 그룹들이 교대로 노래 부르기도 한다. (시편의 경우, 이것은 통상적으로 절을 사용하거나 절을 나누어서 사용한다.)

교회건축과 예배 공간

시편 교송에 적합한 이상적인 예배 공간에서, 좌석들은 두 부분으로 쉽게 나눌 수 있어야 하며, 그 두 부분이 서로 대면할 수 있으면 더 좋다. 대학이나 수도원 채플의 전통적인 배열이 정확히 이러한 형태를 이룬다. 왜냐하면 시편의 교송은 그런 장소들에서 예배 생활의 주요 부분을 이루기 때문이다. 주 예배 공간을 영구적으로 이렇게 배열해두는 것은 불가능하지만, 때때로 시편 교송을 정기적으로 행하는 평일 예배는(8장 참조) 회중을 두 그룹으로 나누어 중앙 통로 양측에 배치함으로써 서로 대면하도록 하는 것이 바람직하다.

회중은 또한, 한 사람―통상적으로 집례자나 찬양대 지휘자, 찬양 인도자, 교회 서기, 낭독자―의 신호에 따라 진행되는 응답송에서 중요한 부분을 차지한다. 예를 들면, 집례자는 "주께서 여러분과 함께"를 노래하고, 회중은 "또한 사제(목사님)와 함께"라고 응답할 것이다. 또는 지휘자나 낭독자가 한 줄을 노래하고, 그것을 전체 회중이 따라 부른다. 이 응답들은 인도자와 회중 사이에서 막힘없이 자연스럽게 흘러가야 한다. 가끔 시각적인 신호들, 예를 들면 팔 또는 손의 움직임이 사용되기 때문에, 전체 회중이 그 인도자를 쉽게 볼 수 있게 하는 것이 중요하다. 이 노래 응답의 실행은 상당 부분 청각적인 신호에 의존하기도 하므로, 전체 회중이 인도자의 소리도 잘 들을 수 있어야 한다.

예배 음악을 노래하는 것은 회중의 음악 사역의 또 다른 한 부분이다. 예배 음악은 기독교 예배의 변하지 않는 부분으로서, 기독교 예배는 그 음악적 배경을 제공해왔다. 키리에Kyrie("주여 자비를 베푸소서"), 영광송Gloria Patri("아버지께 영광을"), 대영광송Gloria in exelsis("가장 높은 곳에 계신 하나님께 영광"), 사은찬가Te Deum("하나님 이신 당신을 우리가 찬미하나이다"), 상투스Santus("거룩하시다, 거룩하시다, 거룩하시다"), 아뉴스 데이Agnus Dei("하나님의 어린 양") 그리고 다양한 영광송들doxologies("만복의 근원 하나님" 같은)은 대부분 공통적이다. 때때로 회중은 사도신경과 주기도문을 노래로 부른다. 다른 형태의 예전적 응답들과 마찬가지로, 예배 음악을 노래할 때에도 회중이 지휘자를 잘 보고 들을 수 있어야 한다. 만약 그렇지 않다면, 회중의 참여도는 약화되고 예전적 대화가 부자연스러워질 것이다.

합창 음악

기독교 예배 역사의 여러 지점에서, 교회의 음악 사역을 도왔던 가수 집단의 존재를 발견할 수 있다. 흔히 찬양대라고 불렀던 이 그룹들은 자신이 지닌 음악적 재능을 기독교 공동체를 위해 사용하기를 원하는 사람들로 구성되었다. 그러나 다른 기독교 공동체들은 예배에서 찬양대가 하는 역할에 대해 다른 이해들을 가지고 있다.

교회에서 가장 중요한 음악적 사역이 회중에게 속하는 것이라고 가정한다면, 찬양대의 가장 중요한 역할은 전체 회중이 그들 자신의 음악을 능력이 닿는 데까지 잘 드릴 수 있도록 돕는 것이다. 다시 말하면, 찬양대는 그 특별한 훈련과 음악적 능력으로 회중의 음악 사역을 돕는 데 헌신해야 한다. 이것은 우리로 하여금 직접적으로 건축과 관련된 질문을 던지게 한다. 찬양대는 과연 어디에서 이 역할을 가장 잘 수행할 수 있겠는가?

노래하는 공동체를 지원하는 시스템으로서 기능하도록 하기 위한 찬양대의 위치로는 여러 가능성을 살필 수 있다. 첫째는 찬양대를 회중의 뒤에 회중과 같은 높이에나 또는 발코니 위에 배치하는 것이다. 이 위치의 이점은, 찬양대의 소리가 회중에 속한 각 사람에게 뒤로부터 들려온다는 것이고, 그래서 찬양대는 회중의 노래를 상당한 정도로 지원할 수 있다. 찬양대를 회중의 뒤에 위치시키는 것은 찬양대가 불필요한 주의를 끌지 않고 섬길 수 있게 하는 추가적인 이점도 있다. 반면에 찬양대가 회중석 뒤에 설치한 갤러리나 발코니에 자리 잡는다면, 찬양대는 자신들이 공동체로부터 분리되어 있다는 느낌을 받을 것이다. 그리고 만일 찬양대가 회중에게 시각적으로 예전적 행동의 신호를 보낼 필요가 있더라도 그렇게 할 수 없다는 단점이 있다.

두 번째는, 찬양대를 회중 속에 집단을 이루어 자리 잡게 함으로써, 그들 스스로가 회중의 일부분으로 느끼게 하는 동시에, 그들의 강하게 결속된 소리가 회중의 노래를 지원하도록 어느 정도 타협하는 것이다. 이는 찬양대를 일반 회중석의 한 부분에 배치하는 것이다. 이 좌석을 찬양대 장소로 구별하기 위하여, 찬양대가 너무 고립되지 않을 정도로 바닥에서 한두 단 들어 올릴 수도 있다. 공동체의 노래를 가장 강력하게 지원하려면, 찬양대가 회중석을 좌우로 가로지르도록 배치하는 것보다는 회중석의 뒤에서 앞으로 길게 자리 잡게 해야 한다.

예배 공동체에서 찬양대를 더 과감하게 배치하는 또 다른 방법이 있는데, 이는 많은 뚜렷한 이점들을 가진다. 이 아이디어는 찬양대원들을 회중 속으로 분산시켜 배치하는 방법으로, 그들의 노래가 각각 그들이 있는 자리 주위에 있는 공동체 구성원들에게 영향을 주도록 하는 것이다. 이것은 작고, 형식을 차리지 않는 회중 안에서 잘 이루어진다. 그러나 찬양대원들이 많고 잘 훈련되어 있다면, 보다 큰 회중 안에서도 성공적일 수 있다. 이 경우 비록 찬양대가 가운을 입지 않더라도, 모든 음악

교회건축과 예배 공간

에 익숙하도록 평상시에 연습한다. 이는 찬양대원들로 하여금 예배 중에 그들의 가족과 함께 앉아, 전체 회중과 함께 예배드릴 수 있게 하는 방법이기도 하다. 이렇게 하면 아마도 찬양대원의 수도 증가할 것이다.

비록 기독교 예배 안에서 찬양대의 첫 번째 사역은 전체 회중의 음악 사역을 돕는 것이지만, 부수적이면서도 타당한 다른 역할이 있다. 자주, 찬양대는 회중이 지닌 것보다 훨씬 더 높은 재능과 훈련을 요구하는 음악을 봉헌하도록 임무를 부여받는다. 찬양대는 이러한 재능으로 회중을 대신해서 노래 부르며, 그로써 최상의 기독교 음악의 모든 범위를 포괄하는 음악이 이 특별한 장소와 시간에 하나님께 드리는 예배의 한 부분이 될 수 있다. 여기서 찬양대는 회중이 새롭고 더 어려운 음악 작품들을 듣고 배울 수 있게 하는 교사로서 봉사한다. 그러나 대체로, 회중을 위한 음악적 대리자로서 행동하는 것은 찬양대가 회중의 참여를 대신하여 독립적으로 노래하는 것을 의미한다. 전통적으로 합창의 가장 일반적인 형태는 성가 합창이다.

이 역할을 위한 찬양대 위치로 앞에서 언급한 세 가지 선택안 중 어느 것도 불가하다고 말할 이유는 없다. 찬양대가 회중을 대신하여 노래하는 기능을 수행하기 위하여 꼭 그 모습이 드러날 필요는 없다. 단지 소리만 들리게 할 수도 있다. 찬양대가 회중 속으로 흩어지는 세 번째 방식에서, 찬양대원들은 성가 합창을 부르기 위하여 정해진 장소로 이동하고 다시 그들의 자리로 돌아온다.

몇몇 교회에서는 찬양대가, 잘 들려야 하는 만큼 잘 보여야 하는 어떤 제한된 기능을 맡기도 한다. 매우 정교한 예배서를 가지고 있는 공동체들에서, 찬양대는 때때로 예전적 몸짓으로 회중을 인도하면서 신호를 보내도록 훈련되고 또 그렇게 할 것이다. 이는 매우 잘 보이는 곳에 있는 찬양대를 용인해야 할 한 가지 경우일 것이다. 그러나 찬양대는 최소한도로만 드러나는 위치에서도 그 기능을 감당할 수 있다.

찬양대가 회중을 대면하게 하여 앞부분에 위치시키는 건축 계획은 보통의 기독교 공동체에서 일반적으로 온당한 방법이 아니다. 이러한 배치는 찬양대를 무엇보다도 오락적인 대상으로 보거나, 또는 예배자의 감정이나 분위기를 교묘하게 조작하기 위한 도구로 보던 시대를 상기시킨다. 찬양대가 그러한 위치에서 노래 부를 때, 무대 위의 찬양대를 보고 있는 회중 속에 있는 우리는 '청중'이며 수동적인 구경꾼이라는 느낌을 지울 수 없다. 더욱이, 회중을 대면한 찬양대는 흔히 성찬상과 설교대와 세례반에서 이루어지는 예배의 중요한 행동들로부터 회중의 주의를 빼앗아감으로써 시각적 혼란을 일으킨다. 이처럼 심각한 어려움들을 가정하면, 최근에 많은 교회당의 개축 프로젝트들이 이러한 콘서트 무대형 배열을 제거하는 데 초점을 맞추는 것은 당연한 일이다.

그러나 이러한 경향에 중요한 예외가 있다. 우리는 앞에서 교송을 위한 건축적 배열에 대하여 언급했는데, 한 특별한 전통 안에서 그러한 찬양대의 배치는, 본질적으로 전체가 교송을 중심으로 이루어지는 예배에 적합하다. 아메리카 흑인들의 예배 전통들에서는, 찬양대가 거의 대부분 콘서트 무대형의 배열 속에서 그 앞에 위치한다. 이때 찬양대는 '공연자'의 신분이 아니라, 교송하는 회중의 절반의 신분이다. 그러한 예전에서 회중과 찬양대가 서로 노래와 말의 응답을 주고받으며 시각적·청각적 신호를 교환하는 행동은 필수적이다.

기독교 예배를 위한 건물을 신축하거나 개축할 때 가장 논쟁이 많은 성가신 문제 중 하나가 바로 찬양대의 위치라고 말할 수 있을 것이다. 그러나 대부분의 교회는 예배에서 찬양대가 어떤 기능을 하는지 또는 어떤 기능을 해야 하는지를 정확히 분석할 시간을 가지지 않았기 때문에, 이런 결정을 신중하게 내리지 않았다. 만일 우리가 찬양대를 단지 보여주기 위한 것으로만 본다면, 우리는 그 위치에 대하여 확실한 결론을 내릴 수 있을 것이다. 그러나 만일 우리가 전체 회중의 음악 사역을 섬기는 것을 찬양대의 모델로 삼는다면, 우리는 틀림없이 다른 해결책에 도달할 것이다.

어떤 위치를 선택하든, 찬양대 공간에 대한 몇 가지 부차적인 요구 사항들을 감안해야 한다. 어떤 것은 음악적인 고려 사항들이고, 어떤 것은 실제적 디테일들이며, 어떤 것은 찬양대가 가능한 한 기독교 공동체의 일부로서 예배하도록 하는 데 목적을 둔다. 비록 별로 중요해 보이지 않더라도, 이 세세한 것들에 주의하는 것이 찬양대로 하여금 일상의 지루함 대신 기쁨을 노래하게 만든다.

찬양대 공간에 대해 물을 첫 번째 질문은, "찬양대가 어떻게 들어오고 나갈 것인가?"다. 일부 교회에서는 비록 필수적인 것은 아니더라도, 찬양대가 행진하는 전통을 가지고 있다. 찬양대가 질서 있는 모습으로 행진하도록, 자리로 가는 경로가 직선으로 되어 있고 복잡하지는 않은가? 좌석 열들 사이에는 쉽게 통과할 정도로 충분한 공간이 있는가? 만일 찬양대 행진이 이루어질 통로에 대하여 주의 깊게 생각하지 않는다면, 그 건물의 건축은 찬양대의 입장과 퇴장이라는 순전히 실용적인 행동을 예배에서 주요한 순서로 바꿔놓을 수 있다.

찬양대 공간에 고정식 좌석보다는 이동식 개인 의자들을 제공하는 것에는 확실한 이점이 있다. 융통성 있는 좌석 배치로,

찬양대원들과 같은 수의 좌석을 만들어 빈자리가 없게 할 수 있고, 그렇게 하면 찬양대원들의 일부가 결석하더라도 좌석이 가득 차 보인다. 음악을 위해서만이 아니라, 성서, 예배서, 찬송가집, 회보 등 찬양대가 회중과 함께 예배드리기 위해 필요한 모든 것을 위해 충분한 받침대가 필요하다. 이 받침대들은 의자의 뒤에 붙여놓거나, 의자 밑에 바닥으로부터 몇 센티미터 떨어진 곳에 두거나, 또는 각 의자의 측면에 붙여놓을 수도 있다. 만일 무릎 꿇는 것이 관습이라면, 찬양대원들에게도 무릎받침대가 제공되어야 하고, 그로써 그들은 전적으로 공동체의 예배 안으로 들어갈 수 있다. 이동식 의자들은 비어 있을 때 흐트러지는 경향이 있는데, 이는 의자들이 서로 견고히 연결되게 설계함으로써 피할 수 있다.

찬양대원들이 자신의 좌석에서 찬양대 지휘자를 볼 수 있도록 하는 것은 매우 중요하다. 이것은 지휘자를 위한 단을 두거나, 찬양대석을 계단식으로 만들어 해결할 수 있다. 찬양대원들이 예배 안에서 일어나는 모든 것을 보고 들을 수 있는 것도 똑같이 중요하다. 그로써 찬양대원들은 자연스럽게 예전의 행동에 함께 참여하게 될 것이다. 찬양대원들은 또한 서로를 보고 들을 수 있어야 한다. 이는 화음과 박자를 맞추는 데 크게 도움을 줄 것이다.

찬양대를 위한 적절한 연습실은 다양한 음악 사역이 더 잘 기능할 수 있도록 도와줄 것이다. 그 공간은 통상적으로 주 예배 공간에 속한 부분이 아닐 수도 있다. 이 공간은 찬양대원들이 악보를 읽는 긴 시간 동안 피곤치 않도록 널찍하고 조명 시설이 잘 되어 있어야 한다. 의자들은 등받이가 있는 좋은 것을 제공해야 하고, 대원들과 지휘자가 서로를 잘 보고 들을 수 있도록 배치되어야 한다. 대부분의 경우, 품질이 좋은 피아노가 가장 중요한 연습용 악기다. 그리고 연습실의 음향은 음악에 적절해야 한다.

찬양대 연습실에는 넓은 창고 공간이 꼭 필요하다. 찬양대 의상과 악보대, 악기 케이스 등을 보관할 큰 벽장들이 있어야 하며 악보들을 정리해둘 캐비닛들이 있어야 한다. 각 찬양대원들을 위한 붙박이 상자들이 있어야 하는데, 거기에는 매주 연습을 위한 악보들을 놓아둘 수 있다. 또한 욕실이나 수도꼭지, 큰 거울, 게시판들도 필요하다. 찬양대 지휘자를 위한 사무실을 제공한다면, 연습실 가까이에 배치해야 한다.

다른 한 가지 중요한 고려 사항은 찬양대 연습실에서 예배 공간으로 들어가는 입구까지의 통로다. 찬양대를 고려하여 예배 공간을 신축하거나 개축했음에도 불구하고, 때때로 찬양대가 교회 본당에 도달하기 위해서는 건물 밖으로 상당한 거리를 걷지 않으면 안 되는 경우도 있다. 이것은 기후가 좋은 곳에서는 별 문제 없지만, 북미 지역 대부분의 경우처럼 기후가 좋지 않은 곳에서는 문제가 된다.

만일 찬양대 행진이 전통이라면, 찬양대가 행진 대형을 이루는 동안 발생하는 소음이 이미 교회 안에 앉아 있는 예배자들을 산만하게 만들지 않도록, 적당한 곳에 그들이 모일 장소를 제공해야 한다. 만일 행진이 없다면, 찬양대는 찬양대 공간 가까이 있는 문을 통해서 바로 입장하여 회중의 지나친 주의를 끌지 않고 자리에 도달할 수 있어야 한다.

이러한 세부적인 것들은 건물의 설계에서 중요하지 않은 것으로 보일 수도 있다. 그러나 이들 각각에 대한 신중한 배려는 회중을 잘 섬기는 찬양대의 능력과 관련하여 현재와 미래에 중대한 차이를 만들 수 있다.

파이프오르간

찬양대 공간의 위치와 형태를 결정하는 일은 교회 오르간에 관한 결정들과 밀접한 관계를 가진다. 천 년 동안 파이프오르간은 교회의 악기로 간주되었고, 오늘날에도 계속 회중의 노래를 지원하고 찬양대의 노래를 반주하거나 또는 독주를 하기에 가장 만족스러운 악기다. 그러나 오르간은 상당한 재정 지출을 요구하며, 따라서 그 구입도 신중히 판단해야 한다. 어떤 특정한 교회 건물에 부적합한 악기는 그 공간 자체와 회중이 드리는 예배를 지나치게 압도할 수 있다. 아무리 좋은 악기라도 잘못 배치하면, 그 소리가 제대로 나지 않거나 조화를 잃어버릴 수도 있다. 또 예배 공간 전체의 초점을 바꾸어 중요한 예전 행동에서 회중의 주의를 빼앗을 수도 있다. 따라서 오르간은 한 교회가 할 수 있는 가장 훌륭한 투자가 될 수도 있고, 가장 나쁜 투자가 될 수도 있다.

전자제품이 아닌 진짜 파이프오르간을 구입하는 일과 관련된 몇 가지 중요한 논거가 있다. 어떤 주장은 음질이나 오르간의 모양과 관련된 것으로 본질상 미학적인 것이다. 어떤 주장은 기독교 예배에서 파이프오르간을 흉내 낸 모조품을 사용하는 데 대한 보다 더 철학적인 것이다. 이 모든 문제들을 심각하게 고려해야 하지만, 대부분의 건축위원회나 재정위원회는 파이프오르간의 비용이 지나치게 비싸다고 생각한다.

따라서 파이프오르간을 옹호하는 경제적 논거들을 살펴보는 것이 중요하다. 무엇보다도 먼저, 파이프오르간의 구입은 장기적인 투자다. 가장 오래된 교회 오르간은 800년도 더 되었고,

아직도 유용하게 쓰이고 있다. 반면에 가장 좋은 전자오르간이라도 그 사용연한은 10-15년을 넘지 않고, 그 전에도 많은 고장이 난다. 따라서 전자오르간을 두세 번 바꾸면, 작은 파이프오르간 값을 지불하게 된다. 더욱이 전자제품은 일반적으로 본래의 투자액에 대해 아주 작은 부분만이 보상될 수 있는 반면에, 파이프오르간은 그 가치를 지속적으로 유지한다.

파이프오르간은 한 번에 한 섹션씩 설치할 수 있고, 공동체의 확장에 따라 추가로 섹션을 덧붙일 수 있다. 전자오르간은 자금에 맞추어 구입했다가 후에 공동체의 요구가 증가하면 본래의 악기는 버리고 그 요구에 맞게 다시 구입해야 한다. 이는 경제적으로 불리할 뿐 아니라, 그 공동체를 20세기 후반의 일회용품 소비문화에 기꺼이 동참하게 만드는 꼴이 된다.

각각의 파이프오르간은 그것이 설치되는 특별한 공간과 특별한 요구들에 맞추어 디자인된 유일한 것이다. 파이프오르간은 그것이 놓일 장소와 사용할 사람들에 맞추어 주문·제작되기 때문에, 교회는 돈을 투자한 만큼 그로부터 최대의 이익, 즉 최상의 소리를 이끌어낼 것이다. 반면에 전자오르간은 일반적으로 최소공통분모의 원칙으로 대량생산되며, 이는 그것이 어떤 특정한 회중의 요구들을 정확하게 맞출 수 없음을 의미한다. 모든 경우에 그것은 필요한 것보다 지나치거나 그에 미치지 못할 것이다. 그 어느 쪽도 피해야 하며, 둘 다 회중의 돈을 낭비하는 일이다.

많은 교회들은 새 파이프오르간의 가격과 새 전자오르간의 가격을 비교하면서 어떤 잘못을 저지른다. 대부분은 좋은 중고품이 신품보다 더 경제적이며 많은 이점이 있을 것이라는 생각을 하지 못한다. 중고 악기는 몇 년간은 쓸 수 있을 것이다. 그리고 더 많은 재원들이 확보되면, 낡은 악기는 소예배실이나 찬양대실로 옮길 수도 있고, 또는 새 오르간의 중심부로 재활용하거나, 당장 팔 수도 있다.

마지막으로, 좋은 파이프오르간을 옹호하는 논거는, 파이프오르간이 공동체를 섬길 재능 있는 음악인을 이끌어오는 데 반해, 전자제품은 그들을 쫓아버린다는 점이다. 많은 유능한 오르가니스트들은 매주 전자오르간을 연주하는 자리를 맡으려 하지 않을 것이다. 많은 중요한 종교문학 작품들이 파이프오르간을 위해 쓰였고, 많은 위대한 합창곡들은 파이프오르간의 반주에 의존한다. 이 음악들 중 일부가 전자오르간의 한계에 맞추어 개작될 수는 있지만, 교회 음악이 전자오르간을 위해 일부러 작곡된 일은 없다.

이러한 모든 고려 사항들에도 불구하고, 어떤 공동체가 반드시 어떤 종류의 오르간을 설치해야 한다고 정해진 규정은 없다. 많은 회중은 오르간이 없어도 정기적으로 행복하게 그리고 성공적으로 예배드린다. 어떤 교회들은 실제로 오르간을 금지시키기도 했다. 그럼에도 교회 오르간은 대다수에게 가장 바람직한 선택으로 여겨지며, 많은 경우 실제로 필요하다. 그런데 가장 작은 파이프오르간조차도 결코 구입할 수 없는 교회는 어떻게 하는가? 파이프오르간 다음으로 최선의 대안은 무엇일까?

여기서도 파이프오르간의 구입이 진행될 때 이루어지는 수많은 동일한 경제적 토론이 적용된다. 교회 공동체가 파이프오르간을 산다고 할 때, 어떤 종류의 악기가 계속 가치를 지니면서 효용성을 유지할까? 어떤 종류의 악기가 회중의 노래를 지원하고 교회의 음악적 역할과 연결된 다른 기능들을 수행하기에 충분한 좋은 성능을 가지고 있는가?

이러한 결정들을 해야 하는 대부분의 교회들에게 좋은 피아노가 가장 합당한 답이 될 것이다. 진품 오르간이 전자오르간보다 더 바람직한 것과 마찬가지의 경제적·음악적·심미적 이유로, 진품 피아노가 모조 오르간보다 더 바람직하다. 비록 피아노가 오르간의 음역과 다양한 성능을 따라가지는 못하지만 그래도 가장 가깝기 때문에, 파이프오르간의 구입이 불가능하거나 탐탁지 못한 경우에는 그 대안으로 피아노를 고려해야 한다. 기타나 그 밖의 다른 악기들은 독창을 위한 반주 악기로 설계되어 있다. 그들은 회중의 노래를 지원하고 찬양대의 노래를 반주하는 본질적인 기능에서는 제 역할을 다 할 수 없다.

많은 최근의 교회 건물들에서는, 특히 초대형교회(메가 처치)들에서는 파이프오르간(그리고 그 작품들)이 그들이 제공하는 예배 형태들에 적절하거나 바람직한 반주악기가 아니라고 생각한다. 그런 교회들의 모델 중 하나는 수많은 훌륭한 오르간들을 설치한 로버트 슐러의 수정 교회다. 그러나 이러한 교회들 대부분은 예배에서 젊은이나, 넓게는 교인이 아닌 출석자들의 음악적 기호에 맞도록 다양한 종류의 전자악기들, 즉 기타나 피아노, 드럼 세트를 녹음된 음악과 함께 사용한다. 미래를 예견하기는 어렵지만, 이러한 실험들의 확산으로 교회 악기로서 파이프오르간이 사라질 것을 예견하는 사람들도 있다.

만일 교회가 파이프오르간을 구입하기로 결정했다면, 그 선택과 위치는 충분한 시간을 가지고 신중하게 결정 내려야 하다. 이를 위해 건설 과정에 포함된 사람들, 즉 건축가, 오르간 제작자, 오르간 연주자, 찬양대 지휘자 등의 자문이 필요하다. 파이프오르간의 위치와 관련된 많은 질문들은 음향과 구조 기술의 문제들이며 또한 전체 디자인과의 통합의 문제이지만, 그러나 어떤 것은 예전의 편리함의 문제이기도 하다.

대부분의 경우에 오르간의 위치에 관한 결정들은 찬양대의 위치 선정과 함께 이뤄질 것이다. 찬양대와 오르간 사이의 의사소통을 위한 시선은, 특히 오르간 연주자가 찬양대 지휘자를 겸하면서 오르간 콘솔에서 지휘를 한다면, 절대적으로 중요하다. 음악이 예배 중에 자연스럽게 흐르려면, 오르간 연주자와 집례자, 찬양대 지휘자, 낭독자, 기타 다른 예배 참여자 사이의 적절한 시선 교환이 필수적이다. 거울을 이용하기도 하지만, 이는 오르간 연주자가 편안하게 연주하기에는 좋은 방법은 아니다.

파이프오르간에 많은 돈을 투자한 만큼, 그것을 잘 보이는 교회의 전면에 설치하고 싶은 생각이 들기 십상이다. 그러나 이러한 유혹은 몇 가지 이유로 피해야 한다. 찬양대의 경우와 같이, 오르간의 소리도 뒤에서 회중의 노래를 가장 잘 지원할 수 있다. 더욱이, 교회 앞에 설치한 오르간은, 회중 앞에 위치한 찬양대와 마찬가지로, 가장 중요한 예전 행동으로부터 회중의 주의를 흩어지게 할 수 있다. 교회는 콘서트홀이 아니며, 또한 오르간의 위치가 오르간을 예배의 대상으로 보이게 해서는 안 된다. 반대로 어떤 교회들은 좋은 오르간을 사서 오르간 챔버나 오목하게 들어간 알코브 형태의 공간들 안에 숨김으로써 그 소리의 상당 부분을 소멸시키는 실수를 저지른다. 파이프오르간의 소리는, 다른 종류의 소리들과 마찬가지로 직선으로 가장 잘 퍼져 나간다. 그리고 만일 그 오르간의 소리가 회중이나 찬양대에 도달하기 위하여 공간의 모서리를 돌아야 한다면, 그 소리의 세기와 명료함을 상당 부분을 잃게 된다.

만일 전자오르간을 선택했다면, 그 소리는 스피커의 위치 선정에 의해 좌우될 것이다. 회중의 노래를 지원하는 것이 오르간의 가장 중요한 임무라면, 소리의 사각지대를 없애는 것이 특히 중요하다. 이 모든 일 중에서, 값비싼 악기가 빈약한 소리로 낭비되지 않도록 전문적인 음향 기술자의 충고가 가장 중요하다.●

다른 악기들

그 밖에도 기독교 예배를 위해 여러 가지 다른 종류의 악기들이 자주 사용된다. 그것은 플루트 한 개로부터 전체 오케스트라에 이르기까지(그리고 그 사이의 모든 조합들)의 경우를 포함하므로, 예배에서 기악이 맡는 역할을 충분히 생각하여 악기들을 수

● 저자가 강조하는 바와 같이, 파이프오르간이 교회 음악을 위해 매우 훌륭한 악기임에는 틀림없다. 그러나 파이프오르간이 제 성능을 온전히 발휘하기 위해서는 그 공간 안에 상당한 정도의 소리의 울림(잔향시간)이 있어야 한다. 반면에, 설교와 같은 사람의 소리는 상대적으로 매우 적은 잔향시간을 요구한다. 따라서 파이프오르간에 적합한 정도의 울림을 가진 공간 안에서 회중이 설교의 소리를 명료하게 듣는 매우 어렵다. 설교 중심의 개신교 교회가 파이프오르간 설치를 고려한다면, 이 점을 유의해야 할 것이다.

용할 충분한 공간을 제공하는 것이 중요하다. 더욱이 그 공간의 모양은 공간의 크기만큼 중요하다. 하프시코드는 현악 삼중주와 같은 넓이의 공간을 요구한다. 그러나 각 공간의 형태는 매우 다를 것이다. 복음송가 같은 음악을 위해서는 피아노를 위한 공간이 필요하다.

일반적으로, 상상할 수 있는 모든 경우를 만족시키는 것은 불가능하다. 그러나 만일 악기들이 현재 또는 미래에 공동체 예배의 정규적인 부분이어야 한다면, 음악가들을 위한 공간은 충분히 넓고 편안하게 제공되어야 한다. 만일 다른 악기들이 회중의 노래를 지원하거나 또는 찬양대나 오르간을 반주한다면, 여기서도 시선 문제가 다시 제기되어야 한다. 통상적으로, 다른 악기들의 연주자들을 위한 공간도 찬양대 공간의 일부로 만들어지며, 그래서 찬양대 배치의 성패에 영향을 받는다.

만일, 전자악기들이 정규적으로 사용되고 있거나 사용될 가능성이 있다면, 그 악기들을 위해 충분한 전기 콘센트들이 제공되어야 하며, 예배 공간 바깥에 소리의 합성sound mixing과 녹음을 목적으로 하는 공간이 제공되어야 할 것이다. 이 장비를 가지고 일하는 사람은 그 음악을 가수들 및 찬양대와 조화시키기 위하여 주 예배 공간을 볼 수 있도록 해야 할 것이다. 또한 하나의 콘센트에서 긴 연결 코드들이나 멀티플러그들을 연결해 사용하지 않아도 되도록, 전원 공급 설비를 가능한 한 많이 설치하는 것이 바람직하다.

기독교 예배를 위해 디자인된 공간이, 예배 외의 용도로 사용되는 경우들이 있다. 교회 음악회나 특별한 음악 예배musical service, 예를 들면 "성서 봉독과 캐롤"로 이루어지는 대림절 예배 Advent Service of Lessons and Carols, 그리고 기독교적 오페라나 성극 공연들은 어떤 교회 공동체들에게는 매우 중요한 부분이다. 이러한 경우에는 예배의 역학dynamics보다 극장의 역학이 더 실제적으로 작용한다. 이때는 회중석이 관중석으로 바뀌게 되기 때문에, 가장 중요한 고려 사항은 모든 좌석에서 그 움직임을 보고 들을 수 있는지 여부다. 어떤 교회들은 예배실의 전면부를 다양한 모양으로 배열할 수 있는 가변형 무대를 가지고 있다. 어떤 교회는 수찬대와 성직자의 의자, 성찬상, 기타 다른 가구들을 쉽게 치우고 보관하여, 성단소 전체를 연기자들을 위해 개방할 수 있도록 디자인함으로써, 공간을 더 유용하게 만들었다. 만일 종교 드라마나 오페라가 회중의 정기적인 활동이라면, 넓은 복도들과 함께 회중석 앞에 여유 공간이 있게끔 고려해야할 것이다. 무대 조명을 조정할 장소와 그에 따른 기구들과 배선이 결정되어야 하지만, 또한 쉽게 제거할 수도 있어야 한다. 추가로, 무대 소도구들과 음악용 스탠드, 그리고 의상들과 무대

세트들을 영구적으로 보관할 장소를 계획에 반영해야 한다.

음향

음향만큼 눈에 보이지 않으면서도, 건물 안에서 행하는 예배의 성격과 질에 강력한 영향을 주는 요인도 별로 없다. 음향은 회중의 노래를 가능하게 하고 향상시키기도 하지만, 망가뜨리기도 한다. 나쁜 음향은 심지어 가장 훌륭한 설교조차도 잘 들리지 않게 만들거나, 엄청난 돈을 투자한 파이프오르간의 장엄한 소리를 황폐하게 만든다. 예배 공간의 음향에 대한 관심은 청각장애자나 예배에서 사용되는 언어에 익숙하지 않은 사람들까지도 공동 예배에 의미 있게 참여하도록 도와줄 수 있다.

우리는 여기서 음향에 관한 모든 설명을 하려는 것은 아니며, 단지 몇 가지 필수적인 문제들을 지적하고, 어디서 어떻게 도움을 받을지를 예시하려고 한다. 우리는 회중이 전문적이고도 유용한 최상의 도움을 찾을 만큼, 음향에 충분히 관심을 가질 필요가 있다는 점만 지적할 것이다. 우리들의 주된 관심은 전문적인 도움이 자주 필요한 특별한 문제들을 제시하는 것이다.

한 가지 유용한 접근은 교회 내부 공간을 음악 악기로 생각하는 것이다. 교회 실내의 음향은 출석한 회중의 수, 연중 계절에 따라 여름에는 열어놓은 창문을 통한 소리의 흩어짐, 겨울에는 따뜻하게 옷을 입은 사람들과 쿠션, 카펫, 커튼 같은 서로 다른 상황에 따라 매우 다르게 나타난다. 따라서 교회 내부도 악기들처럼 조율될 수 있다. 좌석의 쿠션을 치우는 데 10분을 소요하는 것으로도 소리의 움직임에 현저한 차이를 만들 것이다. 건물은 예민한 악기여서, 생각 없이 다루면 만족스러운 음향 환경을 제공할 수 없다.

우리가 되풀이해서 보았듯이, 교회 설계는 하나의 절충 과정이며, 이는 음향과 관련해서도 분명한 사실이다. 그럼에도 설교와 독서 그리고 연설을 위한 이상적인 음향 환경과 성악 또는 기악 등의 음악을 위한 이상적인 음향 환경 사이에는 본질적인 모순이 존재한다. 이 두 가지 형태의 소리들은 매우 다른 음향 환경을 요구한다. 말소리를 위해 이상적인 공간은 잔향●이 거의 없고 반향echo●●이 없어 소리가 '건조'하거나 또는 '생동감'이 없다고 생각되는 공간이다. 소리가 사라지는 데 걸리는 시간(잔향시간)은 그 소리의 '건조함'을 결정한다. 전체적으로, 쿠션이나 벽에 걸린 천들, 카펫, 사람의 몸 등 부드러운 표면들은

● 공간 안에서 소리가 멈춘 후에도 계속 울리는 소리.
●● 벽이나 천장 등의 표면에 반사되어 다시 들리는 소리. 메아리.

소리를 빠르게 흡수하여 잔향을 줄인다. 반대로, 나무, 석고, 벽돌, 타일, 돌과 같은 단단한 표면들은 소리를 반사하여 잔향을 증가시킨다. 실험적으로, 빈 공간에서 당신의 손바닥을 치거나 소리를 지른 후, 소리가 모두 사라질 때까지 시간이 얼마나 걸리는지 재보라. 매우 생동감이 있는 건물에서는 아마도 수초는 걸릴 것이다.

소리가 매우 '생동감' 있게 들리는 건물은 명료하게 들리기를 원하는 설교자나 연설자들을 어렵게 만들 수 있다. 긴 잔향 시간을 가진 예배 공간에서의 말소리는 공기 중에서 어느 정도 머물면서 뒤따라오는 소리와 뒤섞여서 웅웅거리는 소리를 낸다. 이와 반대로, 음악가들을 위한 이상적인 음향 환경은 소리가 함께 섞이기 위해 2-3초 이상 동안 머물러서 풍부한 잔향을 만들어내는 생동감 있는 공간이다. 그래서 예배 공간을 위한 음향 환경을 디자인함에 있어 절충이 필요하다. 절충은 정교한 음향 디자인 프로세스를 포함할 필요는 없다. 소리보다는 장식의 문제로 보이는 어떤 단순한 디자인의 결정들이 예배 공간의 음향 성능에 커다란 차이를 만들어낼 수 있다. 예를 들면, 카펫이나 커튼을 제거하면 흡음률은 낮아진다.

바닥 재료의 선택은 고도로 복합적인 과정이 될 수 있다. 많은 사람들은 카펫을 까는 것이 교회 내부에 필요한 따뜻함을 더해주고, 사람들이 좌석에서 움직이는 소리를 흡수해준다고 주장한다. 바닥 전체에 카펫을 까는 것은, 정기적인 세탁과 주기적인 교환이 필요하기 때문에, 교회에게 경제적으로 가장 효과적인 선택은 아닐 수 있다. 목재나 석판, 벽돌, 타일은 보다 내구적이고, 비록 초기 비용은 많지만 장기적으로 보면 더 경제적이다. 물론 카펫은 상당량의 소리를 흡수한다.

이제 어떤 적절한 절충들이 필요하다. 새로 개발된 음향 카펫 재료들은 소리를 지나치게 흡수하지 않으면서, 카펫의 모양과 느낌을 주도록 디자인되어 있다. 또 교회 건물의 바닥을 한 가지 재료로 덮을 필요는 없다. 통로와 성단소 지역에는 카펫을 깔아 발소리를 죽이면서 교회 앞으로부터 오는 소리의 전달을 도와줄 수 있고, 회중석과 찬양대 지역에는 훨씬 더 단단한 재료를 깔아 회중의 노래와 음악을 위해 필요한 잔향을 강화하도록 조합할 수 있다.

어떤 특별한 형태의 공간은 음악과 말소리 등 모든 종류의 소리에 좋지 않을 수도 있다. 곡면의 벽과 천장은 공간 안의 어느 장소에 반향이나 음의 초점 현상•을 일으킬 수 있고, 다른 곳에는 난청 지점들을 만들 수 있다. 돔과 아치형 천장들은 눈

• 공간 안에서 발생한 반사음들이 특정한 한 점에 집중되는 현상.

에는 아름다우나 귀에는 큰 재앙이 될 수 있다. 따라서 그런 형태를 계획할 때에는, 그 음향적 결과를 잘 이해하여 대책을 세워야 하며, 그렇지 않으면 후에 큰 비용을 추가하게 될 수 있다. 지금은 설교자의 머리 위에 음향 반사판을 매달거나, 몇 분 내에 부드러운 재료에서 단단한 재료로 바꿀 수 있는 가변 루버들을 벽에 설치하여 음향 조건을 바꿀 수 있는 건물을 짓는 것도 가능하다.

설교자를 위해 확성 장치를 사용함으로써 음향 문제들을 교정하려는 시도는 매력적이다. 훌륭한 음향 계획은 작은 건물에서는 확성 장치를 사용하지 않아도 되게 한다. 예배를 인도하는 사람들은 설교대나 의자, 세례반, 성찬상, 성찬상 앞 공간 등 다양한 위치에서 말한다. 그리고 마이크는 이 장소들 중 어떤 부분의 디자인을 손상시킨다. 클립형 마이크는 심미적인 이점이 있다. 그러나 긴 코드는 성가신 존재다. 클립형 무선 마이크로 이 단점을 피할 수 있다. 그러나 이것조차도 300석 이하의 건물에서는 반드시 필요한 것은 아니다. 확성 장치가 필요하다면, 그 스피커는 소리가 측벽이나 의자 밑으로부터가 아니라, 설교대 위 같은 말하는 사람(음원)과 가까운 곳에서 나오도록 배치되어야 한다. 어떤 음향 시스템들이 자연음에 확성음을 부가할 때, 말하는 사람은 스피커와 회중 사이에 있어서는 안 된다.* 이런 점에서도 음향 기술자의 지도를 받는 것이 현명한 투자다.

파이프오르간의 배치는 대단히 중요하다. 많은 교회들은 파이프오르간에 큰 투자를 하고 나서, 그것을 감추어버리거나 그 소리가 회중에게 도달하기 위해서는 예각으로 돌아야 하는 위치에 그것을 배치한다. 오르간 챔버는 모서리를 돌지 않고 회중을 직접 향해야 한다. 그럼에도 오르간의 파이프들이 건물 안에서 중심적 시각 대상이 되어 예배의 대상이 되게 하는 일을 막아야 할 충분한 이유가 있다. 회중의 옆이나 뒤에서 들려오는 음악이 회중의 노래를 북돋아준다. 전자오르간은 그 배치에서는 파이프오르간에 비해 문제가 훨씬 적다. 그러나 그 기종 선정과 스피커의 배치는 우리가 언급한 모든 요인이 똑같이 적용된다.

이러한 고려 사항들이 복잡하게 들리는가? 사실이 그러하다. 우리는 교회당을 신축하거나 개축하려는 교회들에게 수준 높은 음향 컨설턴트를 고용하도록 강력히 권고한다. 그러나 그들은 음향 기기나 흡음 재료들을 팔아서 이익을 보고자 하는 사람들은 아니어야 한다. 왜냐하면 그런 이들은 통상적으로 회중의 요구가 옳든 틀리든, 그들이 팔고자 하는 것들을 권하기

● 스피커에서 나온 확성된 소리가 자연음과 함께 다시 마이크로 들어가 소음을 발생시키는 하울링 현상이 나타난다.

때문이다. 음향 컨설턴트는 대부분 대학의 (음향 관련) 공학기술 학과에서 찾을 수 있다. 설령 그렇지 않더라도, 누군가는 유능한 음향 기술자를 어디서 찾을 수 있는지 알고 있을 것이다. 그러한 사람들을 제때에 만난다면, 값비싼 실수들을 막을 수 있기 때문에 그들을 고용할 충분한 가치가 있을 것이다. 그들은 이미 저지른 실수에 대해 기적을 행할 수는 없겠지만, 때로는 그것을 교정할 경제적인 방법들을 제시해줄 수 있을 것이다. 그러나 되도록 건축가가 상세한 설계에 들어가기 전에 음향 기술자와 상담하여, 교회에서 소리가 의도한 대로 기능하게 해야 한다.

8

부속 공간들

예배를 위한 주일의 집회가 지역 신앙 공동체의 가장 중요한 모임이지만, 평일에 다른 목적으로 교회에서 모이는 그리스도인들이 점점 많아지고 있다. 많은 교회에서 주중에도 매일 예배나 평일 저녁 기도회 또는 치유나 회개를 위한 특별 집회로 작은 모임들을 갖는다. 개인들은 명상과 성찰의 시간을 갖기 위한 장소를 찾아 교회로 나온다. 사람들은 세상을 떠난 가족을 교회 안이나 교회 근처에 장사 지내고 추모할 장소를 갖기를 원한다. 그리고 많은 교회의 프로그램들은 그룹 묵상회나 주중 성만찬을 정기적으로 제공한다. 주택이 한 가족의 다양한 활동들을 수용하도록 디자인되어야 하듯이, 교회 건물도 그 목적인 그리스도인 가족의 필요들에 따라 지어져야 한다.

교회 건물 내에 이러한 활동들을 수용하기 위해서는 여러 가지 다른 가능성들이 존재한다. 그러나 일반적으로 그 해결책은 다음 두 가지 방법을 따른다. 첫 번째 방법은, 모든 교회 활동들을 교회의 주 예배 영역 안으로 통합시키는 것이다. 이 방법은 두 가지 뚜렷한 이점을 가지고 있다. 첫째, 다양한 요구들을 충족시키는 하나의 공간을 만드는 것이, 각각의 요구에 따라 분리된 여러 개의 공간들을 만드는 것보다 비용이 적게 든다. 둘째, 이렇게 모든 공동체의 활동들을 하나의 공간에 한정시킴으로써, 우리가 거기서 수요일 저녁에 기도회를 갖든 금요일 아침에 개인 묵상을 위해 모이든 우리의 가장 중요한 관계는 주님이 부활하신 날, 곧 주일에 예배를 위하여 모인 전체 그리스도 공동체와 관련 있음을 항상 기억하게 된다.

두 번째 방법은 주 예배 영역으로부터 떨어진 곳에 보다 작은 여러 개의 공간을 만들고, 그 공간 각각을 그 특별한 기능에 정확히 맞추는 것이다. 이 방법도 역시 이점들을 가지고 있다.

난방비용이 문제가 되는 추운 기후에서는, 사람들이 모일 때마다 전체 예배 공간을 난방 하는 것보다, 사용하는 방을 개별적으로 난방 하는 것이 더 경제적이다. 어떤 교회들은 방범에 관심을 가진다. 그래서 교회의 주요 부분은 절도나 파괴로부터 보호하기 위해 잠가두어야 한다. 이 경우 건물의 다른 부분은 잠가두고, 평일 활동을 위하여 소예배실만을 안전하게 개방할 수 있다. 또한 부수적인 활동들을 위해 작은 모임들을 가질 때, 이 작은 공간들은 훨씬 더 친밀감을 주기 때문에 결속력 있는 공동체가 더 쉽게 형성될 수 있다.

그럼에도 거의 대부분의 증축이나 개축 프로젝트에서 이처럼 넓고 다양한 요구들을 충족시키는 교회 건물을 만들기 위한 해결책으로 선택되는 것은 이 두 가지 접근 방법을 창조적으로 조합하는 것이다. 주중에 이루어지는 주님의 만찬 의식들이나 매일 예배 같은 모임들은―특히 작은 교회들에서는―주 예배 공간에서 이루어지는 것이 더 적절할 것이다. 반면에 개인 기도나 회개, 또는 기독교 장례식 등과 같은 다른 목적들을 위해서는 보다 더 작은 소예배실 같은 분리된 공간이 필요하다. 그러나 어떤 경우에도, 교회 건물에서 공간 배치를 결정할 때에 공동체의 요구와 그 모이는 목적들이 항상 주요한 고려 사항들이 되어야 한다.

매일 기도

기독교 공동체들은 주일 아침만이 아니라 주중에도 기도하기 위해 함께 모이는 것이 가치 있다는 점을 점점 더 깨달아가고 있다. 그리스도인들의 매일 기도는 바울이 예수님의 가르침의 핵심이라고 본 "쉬지 말고 기도하라"(데살로니가전서 5:17)라는 말씀에 대한 반응이다. 사람들은 하루의 일과를 기도로 구별하면서, 모든 시간이 하나님께 속한 것이며, 하나님을 섬기는 가운데 쓰임을 받게 된다는 사실을 깨닫는다. 초기 그리스도인들은 경건한 유대인들이 그랬듯이, 자연스럽게 하루 중의 어떤 시간들이 하나님과 대화하는 데 적합하다는 것을 알게 되었다. 그리스도인들은 전통적으로 해 뜰 때와 정오, 저녁, 그리고 밤에 자기 전에, 함께 모이거나 개별적으로 기도해왔다.

이러한 기도의 일과는 자주 가족들 안에서 또는 수도원 같은 밀접하게 조직된 공동체에서 이루어졌다. 종종 병원과 수양관에서 기도와 하나님을 찬양하는 일로 그들의 일과를 구별한다. 그러나 점점 더 많은 그리스도인들이 기도하기 위해 그들의 일상의 업무로부터 벗어나 지역 교회에서 함께 모이고 있으며, 수많은 주요 교단들에서 이러한 목적을 위한 예배 의식들이 발표되었다. 이 예배들은 매일 기도의 과정("성무일과"daily office 나 divine office 또는 "시간의 전례"liturgy of the hours라고도 불린다)이 모든 종류의 필요와 관심사들 그리고 매일 주시는 선물들에 대해 융통성 있게 잘 응답한다는 느낌을 강조한다. 이러한 예배들은 평신도들이 인도할 수 있기 때문에, 목회자의 바쁜 스케줄에서 따로 시간을 떼어놓을 필요가 없다. 매일 기도를 위한 공식적인 기도회는 정기적인 매일 예배만이 아니라, 기독교 공동체들이 주중에 함께 나와 기도하기를 원하는 많은 다른 상황들을 고려한다.

전통적인 매일 예배의 핵심에는 기도, 시편 암송 그리고 작게는 성서 읽기가 있다. 전통적으로, 매일 기도회는 사람들이 빨리 친해지고, 기도와 찬양에서 되풀이되는 리듬을 발견할 기회를 주는 반면에, 다른 예배에 비해 다양성은 적다. 매일 일과는 교회력에 구애받지 않고, 하루의 정해진 시간이 그 성격과 내용을 결정하도록 허용한다. 아침 기도는 하나님을 찬양하고 하나님의 창조에 감사하는 데 초점을 맞춘다. 저녁 기도에서는 지난 하루를 돌이켜보면서 하나님의 선물들과 우리가 그것들을 사용한 방법을 돌아보고, 그리고 다른 사람들의 필요에 대해 간구한다. 특히 대도시의 교회들에서 정오의 기도는, 바쁜 하루 동안에도 하나님을 의지하고 우리의 모든 일을 하나님의 섭리에 맡길 필요를 상기할 조용한 시간을 제공한다.

매일 일과만을 위한 분리된 방의 형태를 만드는 것은 어렵지 않다. 단 하나 절대적으로 필요한 것은 좌석이다. 이 좌석은 원형 또는 반원형으로 전면을 향해 배열하거나, 시편이 교송될 때에는 통로를 사이에 두고 서로 마주보게끔 평행하게 배열할 수 있다. 큰 모임은 독서와 기도가 더 잘 들리도록 낭독대가 필요할 것이다. 만일 공동체의 경건을 위해 필요하다면, 무릎받침대가 적절할 것이다. 또한 저녁 예배들을 위하여 한 개의 커다란 촛대 및 음악가들과 그들의 악기를 위한 공간도 필요할 것이다.

매일 일과를 위한 공간은 평일의 기도회만이 아니라, 보다 작은 모임들을 교회 안에서 갖기를 원하는 경우에도 사용할 수 있다. 그러한 공간은 일반적으로 평일 예배를 위한 소예배실인데, 평일에 거행하는 주님의 만찬으로부터 찬양대 연습에 이르기까지 다양한 목적을 위해 이용할 수 있을 것이다.

이러한 이유에서 이 공간은 아마도 전체 교회 건물에서 가장 융통성 있는 공간이 될 필요가 있다. 이 융통성을 얻는 하나의 방법은, 성찬식을 위한 전면을 향한 전통적인 배치와 시편 교송을 위해 서로 마주보는 배열collegiate plan, 작은 규모의 결혼예식이나 장례식을 위한 좀더 넓은 통로, 그리고 개인 기도나 성서 연구반들을 위해 의자들을 모둠으로 배열하는 것 등, 이 모든 것이 같은 공간에서 가능하도록 이동식 의자를 사용하는 것이다.

만일 이 공간을 다양한 용도에 맞추어 사용하려면, 또 다른 가구들이 필요할 것이다. 평일에 행하는 주님의 만찬(또는 보다 작은 규모의 주일 성만찬)을 위해 사용할 소예배실은 그 주위 환경과 규모에 맞는 성찬상이 필요할 것이며, 3장에서 제시한 그 밖의 몇몇 특성들을 가지고 있어야 한다. 또 본문을 읽고, 설교를 할 장소가 필요할 것이다(2장 참조). 준비실과 급수대가 근접해 있으면 그 공간의 유용성은 더 높아질 것이다.

개인 경건을 위한 장소

어느 시대나 그리스도인들은 단지 기독교 공동체의 모임과 하나님의 현존에 관련된 장소에 있다는 것 자체로 편안함을 느끼고 영적인 자양분을 공급받는다는 것을 발견해왔다. 많은 사람들은 기독교 예배에 대한 기억들과 신앙의 이미지들이 함께 살아 있는 교회 건물에서 기도하는 동안, 영적으로 주의를 훨씬 더 집중시킬 수 있음을 느낀다. 그럼에도 하나님과의 더 깊은 인격적 관계와 하나님의 뜻을 더 분명히 이해하려는 노력은 어떤 개인적인 이익을 위해서가 아니라, 공동체와 세상을 향한 그 사역을 위해서 이루어진다. 혼자서 기도하는 신자도 여전히 신앙 공동체의 일원이며, 장소에 대한 느낌은 때때로 이러한 소속감을 반영한다.

그러나 개인 경건을 위한 공간들은 보다 개인적이고 주관적인 경험을 위해 디자인되기 때문에, 통상적으로 공동의 경험들을 강화하도록 디자인되는 주 예배 공간으로부터 떨어진 곳에 위치한다. 소예배실이 이러한 목적을 충족시켜주는 경우가 많다. 그러나 여러 교회에서는 완전히 분리된 좀더 작은 공간을 제공한다. 대부분의 개신교 교회들을 위해서 필수적인 것은,

아마도 기도에 집중할 수 있도록 하나의 훌륭한 시각 예술품을 가진, 그리고 교회의 동선으로부터 떨어진 조용한 장소다. 시각 예술품으로는 조각이나 태피스트리, 또는 회화 작품 등이 좋을 것이다.

로마 가톨릭과 동방 정교회, 그리고 성공회 전통에 속한 어떤 종파들에서는 다른 종류의 사물들과 활동들이 개인 경건과 관련하여 중요한 의미를 가지기 시작했다. 이것들은 특별히 그 공동체의 창의적인 솜씨로 만들면 좋을 것이다. 초기 기독교 시대의 기록들은 예루살렘에서, 본디오 빌라도의 집에서부터 갈보리 언덕까지 이르는 예수님의 마지막 행로를 따르는 순례자들에 대해 언급한다. 집으로 돌아온 순례자들은 자신의 경험을 재현하기 위해 그 행로에서 시각적으로 대표되는 것들을 이미지로 발전시켰다. 결국 이 이미지들, 즉 '십자가의 길'은 14개의 처소로 압축되었는데, 그 처소 각각은 복음서의 이야기들과 전승에서 유래한 장면들을 묘사한다. 여기에 개인적 묵상의 보조 도구로나 공적 기도로 사용된 수많은 비공식적인 기도와 찬양들이 첨가되었다.

예수님의 수난보다도 부활에 더 초점을 맞춘 신학이 되살아나면서, 많은 교회들이 십자가의 길의 필요성을 재평가해왔다. 십자가의 길을 계속 유지하기로 결정한 공동체들에서도 그 처소들은 훨씬 더 약화되었다. 대부분의 공동체는 그 처소들의 존재가 공동체가 거행하는 예전으로부터 주의를 분산시킨다고 보아, 그 처소들을 주 예배 영역 바깥에 두도록 하였다. 십자가의 길을 주 예배 공간 안에 남겨둔 교회들이라도, 그 처소들이 그리스도인의 삶이 전체로서 하나의 여정임을 상기시키도록 하는 한편, 그것들을 벽과 바닥 안에 설치된 단순한 십자가들로 약화시켰다. 요즈음은 제15처, 즉 '부활'을 첨가하는 경우도 많다.

매우 성공적인 하나의 대안은 교회 건물 바깥이나 또는 정원의 산책로를 따라 십자가의 길을 설치하는 것이다. 그러나 이러한 기도의 형태에 가장 의미를 두는 사람들은 보통 나이든 신자들인 경우가 많기 때문에, 이러한 해결책은 보다 더 온화한 기후에서 가장 적합하다. 소예배실에 십자가의 길을 설치하는 것도 하나의 가능한 타협이다. 그러나 이는 주 예배 공간에 설치하는 경우와 마찬가지의 문제가 있다. 특히 소예배실이 자주 매일의 성만찬이나 매일 일과를 위해 사용된다면 더욱 그러하다. 그 위치가 어디든 간에 그 이미지들은 그림보다는 도상icon의 특성을 가진 더 단순하고 직접적인 것이어야 한다(9장 참조).

주님의 만찬 의식에 대한 초기의 설명들 중 일부는, 주일 성찬식에 쓰인 빵과 포도주의 일부를, 전체 공동체에 참여할 수 없는 병자나 사람들에게도 나누어주기 위해 남겨두어야 한다고 말한다. 성찬용 빵에 대한 경외감이 증가함에 따라, 그것을 보관하는 감실성물함, 성합, tabernacle, aumbry, pyx, sacrament house은 신앙심 깊은 사람들이 그 감실에 있는 요소들에 관심을 집중하면서 시각적으로 매우 두드러지기 시작했다. 그리고 여러 세기를 거치는 동안, 점점 더 교회 건물에서 그 감실은 시각과 경건의 초점이 되었다. 그리고 병자를 위해 그 안에 빵을 보관하던 본래의 목적은 희미해졌다.

최근의 신학적 연구는, 빵을 따로 떼어놓는 것이 성찬식에 참석하지 못한 교인들로 하여금 전체 공동체와 함께 주님의 만찬에 참여할 수 있도록 하는 수단이라는 이해를 회복하도록 도와주었다. 그러나 성찬 빵은 예수 그리스도의 현존과 매우 밀접하게 연결되어 있기 때문에, 많은 로마 가톨릭 교인과 성공회 교인들은 그것을 위로와 확신의 근원으로 묵상했다.

보관된 성찬용 빵과 포도주성체, 영성체를 경건을 위해 사용하는 것은 항상 공동체 전체의 성찬 모임으로부터 파생된 것이거나 부차적인 것이다. 따라서 경건 요소로서 보관된 성체는, 나머지 다른 경건 요소들과 마찬가지로 주 예배 공간 밖이나 또는 주님의 만찬 의식이 정기적으로 거행되는 소예배실 같은 장소에 두는 것이 아마도 최선의 방법일 것이다. 보관된 성체는 십자가의 길 처소와 같은 공간에 두거나 또는 개인 묵상을 위해 특별히 마련한 별도의 다른 영역에 두어도 좋다.

　어떤 교회들은 촛불을 밝혀두는 전통을 가지고 있다. 다른 순수한 경건을 위한 물품들처럼, 이들도 주 예배 공간으로부터 떼어놓는 것이 가장 좋다. 많은 공동체들은 봉헌 초들을 놓아두는 통상적인 금속제 선반들 대신, 창조적 대용물(모래를 채운 토기 속에 설치한 작고 가느다란 양초 세트 같은)을 찾고 있다. 경건이나 그 밖의 다른 용도로, 초 대신 전구로 만든 모조품을 사용하는 것은 교회 안에서는 바람직하지 않다.

　이들 모두 혹은 일부를 주 예배 공간이나 소예배실 밖으로 옮기는 것이 어렵기 때문에, 작은 한 공간에 여러 가지 성물들을 함께 두려고 하는데, 이는 경건의 시간을 갖고자 하는 사람들의 주의를 불필요하게 흩어지게 한다. 그 대안으로는 십자가의 길이나, 보관된 성체, 초들vigil lights,● 그리고 묵상하는 곳을 교회 안의 여러 분리된 곳에 배치하는 방법이 있다. 그러나 이러한 대안들을 위해서 많은 돈을 지출하게 된다. 경건과 관련된 많은 물품들 중에 어느 것이 그들에게 가장 의미 있는 것인지를 물어, 다른 것들을 버림으로써 단순화를 추구하는 공동체들

● 일반적으로 성인상 앞에 켜놓는 촛불을 의미한다.

이 점차 늘고 있다.

묘지

기독교 교회는 마땅히 "성도의 교제_{교통, 친교}"라고 불린다. 이로써 그리스도인들은 교회가 현재 땅 위에 살고 있는 예수의 제자들만이 아니라, 과거에 살았던 이미 죽은 사람들까지도 포함한다고 이해한다. 살아 있든 죽었든 우리는 모두 믿음의 가정에 속한 구성원들이며, 예수 그리스도의 지체들이다. 이러한 이유로, 모든 세기에 걸쳐서 그리스도인들은 고인들을 장사 지낸 장소들이 특별한 경외심을 가질 만한 곳이라고 생각해왔다. 과거에 묘지는 교회 내부나 근처에 위치했다. 그래서 그 공동체는, 비록 죽음에 의해 서로 나뉘었지만, 매주 하나로 모였다.

이동성을 기반으로 하는 사회와 현대의 장례 산업의 출현, 그리고 도시 부동산 가격의 상승으로 인하여, 이 나라에서 묘지는 교회 건물들에서 멀리 떨어진 곳으로 옮겨갔다. 불행히도 이러한 현상은 많은 경우에 우리보다 앞서 간 믿음의 형제자매들과의 하나 됨이라는 의미를 사라지게 했다. 교회 건물에서 상당히 멀리 떨어져 있는 도시나 교외의 묘지와 장례식장들이, 거기

교회건축과 예배 공간

서 장례 예식 외에는 다른 어떤 형태의 예배도 거행되지 않을 때, 기독교 예배 장소로서 그 의미를 유지하기는 어려운 일이다.

최근 이러한 경향들이 재평가되고 있다는 증거들이 있다. 어떤 교회들은 다시 교회 건물 안이나 주위에 죽은 성도들을 위한 묘지를 준비하고 있다. 이러한 일을 진행하는 데는, 묘지에 대한 현대적 거부감을 극복하기 위하여 상당한 정도의 교육적·목회적 배려가 필요하다. 그러한 노력을 기울인 교회들은 그러한 과정이 상당히 유익하다는 것을 발견하였다. 어떤 교회들에서는 죽은 자들을 기억하기 위해 다른 방법들로 준비하기도 하지만, 그러나 어떤 경우라도 그것은 그리스도 안에서 산 자와 죽은 자 모두가 친교하는 모임으로서 기독교 교회의 의미로 돌아가려는 노력이다.

교회 건물 안이나 주위의 묘지들에는 두 종류가 있다. 시신을 매장하는 것이 한 가지이고, 화장 후 유골을 보관하는 것이 다른 한 가지다(보통 유골안치소columbaria라고 부른다). 교회 부지에 묘지를 만드는 것은 장기적 조경 계획과 지방정부의 허가가 필요하고, 상당한 크기의 공간이 있어야 한다. 그것은 그리스도인 공동체의 구성원들을 위한 마지막 안식처인 동시에 유족들의 조용한 묵상을 위한 장소이기 때문에, 자동차와 보행자의 동선으로부터 가능한 한 차폐되어 있어야 한다. 그리고 거기에 머릿

돌과 기념비를 만든다면, 부활의 소망에 관한 기독교 메시지를 표현해야 한다.

교회 부지에 묘지를 설치하는 또 다른 방법은, 화장한 유골을 보관할 장소를 마련하는 것이다. 이것은 제한된 공간과 재정적 자원을 가진 교회들에게 더욱 매력적인 방법이다. 만일 그러한 장소를 건물 안에 둔다면, 독립된 방을 제공하거나, 혹은 소예배실, 교회의 입구, 첨탑 등의 벽과 바닥을 사용할 수 있다. 특히 완전히 새 건물을 지을 때에는, 주 예배실의 벽이나 바닥에 납골함을 설치하도록 설계할 수도 있다. 어떤 경우에도, 납골함을 덮기에 적절한 크기의 떼어낼 수 있는 바닥이나 벽타일 덮개들이 필요하다. 이 덮개에는 아마도 망자의 이름과 사망날짜 그리고 한 줄 정도의 성구를 기록할 수 있을 것이다.

만일 납골당 부지가 교회 안이나 교회 부근에 위치한다면, 보행로(특히 주 출입구로 인도하는)나 벽들이 사용될 수 있고, 교회의 주어진 상황에 맞는 독특한 다른 배치가 적용될 수 있다. 여기서도, 추모객과 방문자들이 다른 이들의 보행이나 자동차의 통행에 의해 방해받지 않도록 주의해야 한다.

그리스도인의 매장을 위해 교회 건물 안이나 주위에 공간을 제공하는 것은 기독교 교회의 특성에 대한 이해를 더 넓고 깊게 하는 특별한 기회가 된다. 그리스도인으로서 우리는 기억의 공동체이며, 하늘과 지상의 전체 신앙 공동체 앞에서 오가고, 기도하고 노래 부르며, 세례 받고 결혼하는 것은, 우리의 공동체적 삶에 많은 사람이 간절히 원하는 풍요함을 준다. 비록 어떤 교회가 무슨 이유로든 교회 건물 안이나 주위에 묘지를 제공하는 데 반대하는 결정을 내린다 하더라도, 그러한 계획의 가능성에 대한 논의는 본질적으로 그리고 자연스럽게 공동체에서 혁신과 성장을 위한 기회가 되어야 한다.

화해

기독교 공동체는 본질상 화해의 공동체다. 기독교 공동체는 화해하게 하는 사랑에 관한 하나님의 말씀을 예수 그리스도의 이름으로 모든 세상을 향해 제공하고, 또한 공동체 내부의 관계들에서 그러한 모든 화해의 표지가 되기를 추구한다. 그리스도인으로서 우리 각자가 죄에 빠질 때, 우리는 하나님의 변함없는 사랑을 우리로 하여금 다시 확신하게 하는 그리스도 안에서, 형제와 자매에게 돌아온다. 회개하고, 고백하고, 하나님의 용서의 약속을 다시 듣는 것, 이것들은 그리스도 공동체 내에서 화해의 핵심을 이룬다.

여러 세기에 걸쳐 이러한 화해의 과정이 일어나는 공간은, 화해 자체의 과정에 대한 우리의 이해가 바뀜에 따라 극적인 변화를 겪어왔다. 초기 교회 그리스도인들 사이에서, 심각한 죄와 그 화해는 전체 공동체의 중대한 관심사였다. 참회와 화해, 그리고 그리스도 공동체와의 전적인 친교로의 회복은 적극적인 역할을 수행하는 신앙 공동체와 함께 공적으로 이루어지는 문제들이었다.

점차로 죄는 개인과 하나님의 사이의 개인적인 문제로 생각되기 시작했다. 그리고 성직자가 그 둘 사이를 중개하는 역할을 맡았다. 로마 가톨릭에서 사제 앞에서 하는 죄의 고백은 특히 성찬을 받기 위해 스스로 준비하는 한 방법으로서 일반화되었고, 작은 부스 형태의 고해실들이 로마 가톨릭 교회 건물 대부분의 특징이 되었다.

죄와 용서가 결코 익명적인 것이 아니며, 하나님은 우리를 화해시키기 위하여 인간의 접촉과 말과 몸짓을 통하여 일하신다는 의미에서, 우리는 최근에 회개와 화해의 인간적인 면의 중요성을 다시 발견하기 시작했다. 이것이 성육신의 전체 메시지다. 공동체들은 회개에 대한 이러한 개혁된 이해 가운데, 화해를 위한 공간이 인간의 상호작용을 촉진시키는 스케일을 가진, 따뜻하고 환대적인 인간적 공간이어야 할 필요가 있다는 것을 알기 시작했다. 고해성사sacramental penance를 실천하는 개신교 교회들에서는 목사의 서재가 자주 그런 장소로 쓰인다. 그러나 서재는 필수적인 업무 일과와 여러 가지 훼방 거리의 방해, 그리고 연구를 위한 공적 위치로 인해 화해를 위한 바람직한 장소로서는 부족한 점이 많다.

많은 로마 가톨릭 교회 건물들은 이제 일반적으로 주요 통로로부터 떨어진 독립된 '고해실'을 갖추고 있다. 이곳에는 통상, 편안한 좌석과 간접 조명이 필수적이다. 죄를 고백하는 동안 계속 자신의 익명성을 유지하는 게 필요한 개인들을 위하여 휴대용 스크린을 설치할 수 있고, 필요에 따라 제거할 수도 있다. 그 밖에도 기도나 축복을 받기 위해 무릎을 꿇기 위한 기도대나 쿠션, 그리고 십자가나 조상彫像 같은 경건을 위한 물품들을 포함한 다른 비품들이 필요하다. 그러나 모든 비품들의 디자인에서 그 궁극적인 목표는 품위 있는 우아함graciousness이다.

이러한 종류의 공간은 화해만이 아니라 목회적 돌봄과 관련된 다양한 요구들을 위해서도 사용될 수 있다. 결혼 준비, 유족과 함께하는 기도, 치유, 상담 등은 모두 고해실의 친밀한 구성에 의해 좀더 효과적으로 이루어질 수 있다. 이러한 일들이 목사의 서재에서 일어나든 독립된 방에서 일어나든 간에 어떤 경우라도 그곳에 오가는 사람들이 다른 사람들에 의해 관찰당하고 있다고 느끼지 않도록, 그 경로에 대해 세심하게 생각하는 것이 현명하다.

성구실과 창고

교회 건물에는 기독교 예배나 개인 경건을 위한 장소로 직접 쓰이지는 않지만, 주 예배 공간들을 뒷받침하고 지원하는 수많은 중요한 영역이 있다. 이 영역들은 예배에 수반되는 다양한 일들을 더 용이하게 만들어서, 교인과 목회자가 예배의 본질에 집중하도록 도와준다. 이러한 건축 요소들은 교회 설계에서는 그리 흥미를 끌지 못하는 부분일 수도 있다. 그러나 그러한 요소들에 충분한 주의를 기울인 회중은 그들의 예배 생활에 꾸준하게 상당한 도움을 받을 것이다.

이들 보조적인 공간들 중에서 가장 중요한 하나가 성구실이다. 성구실은 목회자들이나 다른 예배 인도자들이 예배를 준비하는 장소이고, 예배의 세팅을 책임진 사람들이 필요한 다양한 물품들을 관리하고 준비하는 곳이며, 꽃을 준비하고, 가운과 성찬상 접시, 현수막 등 소소한 비품들을 보관하는 곳이다.

주방과 식품 저장고에서 일해본 사람은 널찍하고 설계가 잘

된 창고가 얼마나 유용한지를 안다. 물론 주방은 무엇보다도 요리하는 곳이지 저장하는 곳이 아니지만, 적절한 저장 공간이 있으면 요리사는 훨씬 더 쉽고 즐겁게 그리고 힘의 낭비를 최소화하면서 일할 수 있다. 성구실도 마찬가지다. 성찬상보, 가운, 현수막 등을 위한 작은 창고와 장례용 덮개, 성찬상의 정면 휘장들과 같이 보다 큰 것들을 걸어둘 공간이 있으면 다리미질하는 데 소요하는 시간을 상당히 줄여준다. 넓은 식기장은 성찬상이나 그 주위에서 사용할 그릇 또는 성찬기, 꽃병, 세례식에서 사용하는 물 주전자 등의 보관 장소로 중요하다.

그에 더하여, 저장 공간과 관련하여 개별 공동체에 따라 특별히 더 필요한 것들을 생각해야 한다. 만일 강림절 화환이 있다면, 사용하지 않는 47주 동안에는 그것을 어디에 둘 것인가? 성탄절용 미니어처와 촛대들, 행진용 십자가들, 양초들은 어디에 보관할 것인가? 목사의 외투와 모자는 어디에 걸어둘 것인가? 이러한 목록은 교회마다 다를 것이다. 각 공동체가 안전하고 접근하기 쉽고 넓은 저장 시설들을 생각한다면, 교회력에 따른 절기 예배나 수시로 드려지는 예배들을 위해, 현재 사용하고 있거나 미래에 사용하게 될 모든 특별한 물품들을 고려하여 저장 시설을 설계해야 할 것이다. 이러한 장소들의 보안은 지역적 특성에 따라 고려해야 할 것이다.

가끔 사용하는 보다 큰 물건들, 즉 무릎받침대나 결혼식 때 통로에 깔 좁고 긴 카펫, 또는 장례식에서 관을 거치할 관대 등도 역시 성구실에 보관할 필요가 있을 것이다. 어떤 경우든 성구실과 다른 부속 공간들은 현재 필요한 것만이 아니라 미래에 필요할 것으로 예상되는 것까지도 고려하여 마련해야 한다.

성구실에서 두 번째로 중요한 것은 주방과 같은 작업 공간이다. 성구실에 급배수 시설을 갖춘 적절한 작업대를 설치해두면 매우 유용하다. 그러한 설비는 예배에서 사용할 꽃들과 어쩌면 예배 후에 병자에게 가져갈 꽃들을 다듬는 일이나, 가운들의 관리, 성찬기를 씻고 닦는 일들을 매우 용이하게 해준다. 실제로 성구실에 가능한 한 많은 작업대들을 제공하면, 예배 공간이나 그 주위에서 사용할 물건들을 관리하는 것이 힘든 일이 아닌 즐거운 일이 될 수 있다.

교회당 신축이나 개축 프로젝트에서 이 성구실 외에도 또 다른 종류의 저장 공간을 고려해야 한다. 회중석에 설치한 선반에 올려놓을 것이 많아진 이 시대에는, 예배 중에 가끔 사용하는 책이나 종이들을 보관할 공간이 있으면 대부분의 회중에게 유익할 것이다. 우리는 이미 찬양대실이나 그 주변에 찬송가집, 악보, 악보대, 악기들과 같은 것을 저장할 창고 공간의 중요성을 언급하였다(7장 참조). 이동식 의자는 여러 교회에서 활용하고 있으며, 따라서 이 의자들을 보관할 창고는 필수적이다. 융통성 있는 이동식 좌석이라 하더라도, 의자가 필요 없을 때 쉽게 접근할 수 있고 주 통로로부터도 떨어진 곳에 그것들을 신속히 보관할 창고가 없다면, 결국 고정식 좌석이 되어버린다.

교회에서 점차 정교한 전자 장비의 사용이 일반화되고 있다. 만일 그것을 고정하여 설치하는 것이 아니라면, 특별한 창고를 생각해야 한다. 도난과 훼손을 막는 것 외에도, 어떤 장비는 온도와 습도를 조절할 수 있는 공간 안에 보관할 필요가 있다. 영상 스크린이나 반 투영막, 스피커, 그리고 그 밖의 전자 장비 부품들을 보관하려면 상당한 크기의 공간이 필요하다. 따라서 이러한 장비들의 구입을 결정할 때에는 단지 그 자체의 가격만이 아니고, 보관과 안전의 관점에서도 마찬가지로 검토해야 한다.

고려해야 할 또 다른 저장 공간은 건물을 깨끗하게 유지하는 데 관련되는 필수품(청소도구 및 용품)을 보관할 청소도구 창고다. 청소도구들을 보관하기에 충분한 넓은 공간과 급배수 시설을 갖춘 창고는 건물을 깨끗이 유지하는 일을 좀더 용이하게 만든다. 이 공간에 청소 용품과 화장실 비품들을 비축할 장소가 포함되면, 한꺼번에 많은 양을 저렴하게 구입해둠으로써 경제적 이득을 취할 수 있다.

성구실이나 예배 공간 근처에 있는 별도의 공간에 작은 의무실을 갖춰야 한다. 응급처치 용품과 비상시 의료 지침들을 갖춘 의무실은 응급환자가 발생했을 때 유용하게 이용할 수 있다. 만일 이 공간 가까이에 급배수 시설과 비상 전화가 있다면, 훨씬 더 좋다.

작업 공간과 저장 공간을 마련하는 일은 교회당을 신축하거나 개축할 때 부수적인 고려 사항처럼 보일 수 있다. 그러나 그것은 예배 준비에서 큰 차이를 만들어내어, 예배 자체의 질에 중대한 영향을 줄 수 있다. 부엌과 비교해본다면, 음식을 조급하지 않게 잘 준비할 때, 그리고 음식을 먹는 환경에 주의를 기울일 때, 쾌적한 식사를 경험할 수 있다. 마찬가지로 기독교 공동체가 기도 가운데 하나로 결합되는 경험을 함에 있어 예배의 가장 작은 부분들까지도 매우 중요할 수 있다. 작업 공간과 저장 공간에 대해 그러한 세부 사항에까지 주의를 기울인다면, 그 공간들은 교회의 예배가 풍부하고 의미 있는 경험이 되도록 하는 데 중요한 역할을 할 것이다.

9

특별한
관심 사항들

이 장에서는 개별 예배는 물론 교회 건물의 특정한 부분들과도 관계는 없지만, 특별히 중요한 몇 가지 관심사들을 다룰 것이다. 이들 대부분은 별로 눈에 띄지는 않지만, 다양한 예배와 건물의 거의 모든 부분과 관련된 결정들에 영향을 미친다. 그것들을 고려하지 않으면, 건물에 심각한 결함을 일으킬 수도 있다. 따라서 교회 건축위원회와 건축가들은 이 모든 것을 다루어야 하며 신중하게 결정해야 한다.

이러한 사안들에는 조명, 에너지 절약, 역사 보존, 보안, 장애인의 접근성, 예배 예술, 기념품 등 매우 다양한 것들이 포함된다.

조명

교회의 조명은 단순히 기능적인 차원을 훨씬 넘어서 매우 중요한 문제다. 조명은 예술인 동시에 과학이다. 실제로 예배 환경의 질은 주로 조명 설비에 의해 좌우된다. 눈에 거슬리는 조명은 매우 훌륭한 인테리어 디자인을 망칠 수 있다. 부적절한 조명은 찬송을 불가능하게 만들 수도 있다. 잘못된 곳에서 비치는 빛은 다양한 공간과 중심들이 그 기능을 제대로 발휘하지 못하게 만들거나 혼란을 일으킬 수 있다.

조명에서 양과 질의 문제는 구별된다. 조명의 양은 시력이 나쁜 사람까지 포함한 모두가 주보나 찬송가, 성서, 예배서를 큰 어려움 없이 읽을 수 있도록, 회중의 공간을 충분히 밝히는 문제다. 이러한 책들 중 상당수는 글씨가 작게 인쇄되어 있기 때문에, 회중석 높이에서 아주 밝은 빛이 필요하며 이는 찬양대 공간에도 똑같이 적용된다. 또한 설교대와 성찬상, 그리고 세례반 또는 침례조가 설치된 곳에서 편안하게 책을 읽을 수 있고, 예배를 인도하는 사람들의 행동이 모두에게 분명히 보이게 하기 위해서는 높은 조도가 필요하다. 반면에 모이는 공간이나, 계단이 아닌 이동 공간처럼 환대적인 분위기를 필요로 하는 공간에서는 그렇게 높은 조도의 조명보다는 부드러운 조명이 필요하다.

한편, 회중을 향해 직접 비치는 강한 빛은 눈부심을 일으켜 심각한 문제가 된다. 남측으로 난 창으로부터 회중의 눈에 비치는 강한 햇빛은, 특히 예배 인도자들이 그 빛을 등지고 있어 역광이 될 때, 상당한 고통일 수 있다. 전망창들은 너무 많은 빛이 들어오게 하는데다가, 회중의 주의를 모여 있는 공동체의 행동에 집중시키기보다는 오히려 그 전망창 밖의 경관으로 향하게 하기 쉽다. 우리는 장엄한 경관들을 보려고 모이는 것이 아니라, 하나님이 우리 가운데서 행하시는 일에 집중하기 위해 모인다. 그리고 예배를 텔레비전에 방영하려고 예배 공간의 모든 영역을 무차별적으로 강하게 조명할 때에는 심각한 문제가 발생한다. 텔레비전 방송을 하지 않을 때, 조도가 높은 지역을 제한하고, 조명 기구들을 감추고, 나머지 조명은 각기 독립적으로 기능을 수행하도록 그 조정 방법을 디자인함으로써 만족스러운 절충을 이루어낼 수 있다.

교회 내부 공간에서 빛의 양도 중요한 고려 사항이지만, 조명의 질은 더 깊은 주의가 필요하다. 우리는 이곳이 평범한 장소가 아님을 알리는, 그러나 말로는 표현할 수 없는 어떤 것을 추구한다. 빛과 그림자, 색깔이 있는 빛과 투명한 빛은 모두 각각의 역할을 수행한다. 스테인드글라스는, 그 색유리를 통해 유입된 빛으로 벽과 바닥 위에 수놓아진 빛나는 얼룩무늬들이 그리스도인들의 상상력을 사로잡아, 수세기에 걸쳐 종교건물의 가장 두드러진 재료가 되었다. 마찬가지로 투명한 빛은 질감을 가진 벽돌 벽이나 돌 벽에 비칠 때 아름다움을 만들어낼 수 있다. 빛은 훌륭하게 디자인된 교회에서 가장 중요한 '건축 재료'다.

우리는 여기서 고도로 주관적인 영역을 다루고 있다는 것을 인식해야 한다. 그리스도인의 상상력은 기독교 예배를 위해 가장 적합한 빛의 질을 선택함에 있어 일관되게 나타나지 않는다. 어떤 사람은 밀턴Milton의 '어둑한 신성한 빛'을 좋아한다. 말로 표현할 수 없는 분위기를 만들어내면서, 특히 머리 위로 드리우는 어두운 그림자의 힘을 거부하기는 어렵다. 따라서 여러 교회들이 좌석 높이에 조명을 집중시키려고 노력한다. 그래서 머리 위의 트러스•와 서까래 사이에 우묵하게 그늘진 곳들이 많이 있다. 이러한 효과는 지붕이 아주 낮은 경우에도, 빛을 모든 방향으로 분산시키는 대신 직접 아래로 집중되도록 함으로써 성취할 수 있다.

어떤 사람은 한 공간에서 모든 영역이 분명히 드러나도록 조명이 설치되었을 때가 더 예배 공간답다고 생각한다. 많은 후기 고딕 교회들은 빛이 밝게 드는 유리 집 구조로 변해가고 있었다. 그리고 조지 왕조 시대의 교회들은 빛으로 충만했다. 빛 자체가 기독교 신앙의 기본적인 상징 중 하나다. 고딕의 바로 그 시원에서부터, 스테인드글라스의 빛으로 충만한 무한한 공간에 반

• 지붕을 받치는 삼각형 모양으로 짠 구조틀.

영되는 '빛의 신비'는 물리적인 건물을 영적 거울로 만들었다.

이 영역에서 쉬운 해답들은 없다. 그림자와 빛 모두가, 모인 회중 가운데 거하기로 선택하신 하나님의 신비를 나타낸다. 여기서 건축가의 민감성은, 가능한 한 가장 훌륭한 환경을 창조하기 위하여 빛의 원천과 건물의 표면들을 관계시키려고 시도할 때에 평가받게 된다. 벽과 천장, 그리고 바닥의 표면 처리는 빛이 건물 안에서 움직이는 방식에 중요한 영향을 미친다. 벽의 색깔을 약간만 바꾸어도 큰 차이를 만들 수 있다. 건축가는 빛의 질을 가장 효과적으로 만들기 위한 방법을 찾기 위해 전체를 포괄적으로 조망해야 한다.

분명히 이는 조명 기구를 판매하는 직업을 가진 사람에게 맡길 영역이 아니다. 비록 빛의 양이 중요하다고는 하지만 질은 훨씬 더 중요하며, 따라서 이것을 다루는 사람은 전체로서의 공간을 상상하는 능력을 가지고 있어야 한다. 교회들을 위해 상업적으로 판매되는 대부분의 조명기구들은, 조명기구에 십자가를 붙이면 자동적으로 아름답고 종교적이 된다는 식의 생각으로 쉽게 만들어지는 경향이 있다. 다중 촛대candelabra•를 제외하고는, 현대에 이르기까지 그런 조명기구들은 없었다. 오늘날에

• 여러 갈래 가지를 뻗은 촛대.

는 통상적으로 지나치게 튀지 않는 단순한 모양의 조명기구들을 더 선호한다. 비록 교회의 영역을 분리하여 별로도 빛을 조정할 필요가 있기는 하지만, 조도 조절기를 이용하여 밝기를 변화시키는 것은, 예배의 분위기를 조작하도록 유혹하기 때문에 위험하다. 일반적으로 조명은 예배 중에 일정해야 한다. 조명의 품질을 가능한 한 높게 만드는 일은 하나의 예술이다.

에너지 절약

근래에 들어 교회들은 에너지 절약의 필요성을 더욱 민감하게 느껴왔다. 이러한 관심으로 인해 때로는 건물 전체의 디자인이 근본적으로 바뀌기도 했고, 대부분의 교회들이 적어도 에너지 절약 장치들을 갖추게 되었다. 비록 에너지 자원의 가격이 오르기도 하고 내리기도 한다 하더라도, 값싼 에너지 시대가 갑자기 끝나기 전인 1970년대까지 그랬듯이 우리가 이 문제들에 대해 무관심할 수는 없을 것이다.

교회들에게 이 일은 건축적 책임의 영역일 뿐 아니라 도덕적 책임의 영역이기도 하다. 교회의 삶의 규범 중 하나는 항상 가지고 있는 자원보다 책임을 앞세우는 것이다. 그 회중이 얼마나 넉넉한가와는 별개로, 교회는 항상 세상에 대해 최선을 다해야 할 섬김의 의무를 가지고 있다. 그러므로 교회의 사명을 감당하기 위해서 엄청난 돈이 필요한 때에 에너지를 소비하며 돈을 낭비하는 것은 옳지 못한 일이다. 게다가 이제 이 세계의 에너지 자원이 한정되어 있다는 것과 우리가 우리 몫 이상으로 에너지를 소모하는 것이 부도덕한 일임을 실감하고 있다. 신학적으로 볼 때도, 우리는 교회의 재정 자원과 세계의 천연 자원 모두를 잘 관리할 도덕적 책임을 가지고 있다.

그러나 이러한 일들을 결정하는 일이 항상 쉽지는 않다. 기존 건물을 에너지 효율이 더 좋은 건물로 개조하는 것은 비용이 많이 들 수 있으며, 에너지 효율이 높은 새 건물을 설계하는 일도 상당한 추가 비용을 발생시킨다. 그러나 이들 추가 비용의 대부분은 영구적인 개선을 만들어낸다. 또한 시간이 걸리겠지만, 궁극적으로 그 비용도 보상될 것이다. 특히, 매우 혹독한 기후에서는 더욱 그러하다. 만일 하와이처럼 연중 기온차가 4도 정도인 지역에서는 버몬트에서와 같이 연중 기온차가 무려 60도나 되는 지역에서보다 그 보상이 더 천천히 이루어질 것이다. 미래의 에너지 가격 변동을 예견하기는 어렵지만, 그러나 줄잡아 5년 내지 10년 내에 보상될 것으로 보이는 에너지 보존을 위한 초기 투자는, 강제 사항은 아니더라도 도덕적으로 정당할 것이다.

　그러한 비용에는 난방과 냉방, 그리고 조명 효율을 높이기 위한 재료들이 포함된다. 오래된 스테인드글라스 창으로는 공기가 새기 쉽지만, 예술 작품으로는 보존할 만하다. 이런 경우에 대부분의 교회들은 스테인드글라스 창에 유리를 덧대기도 하고, 여름에 창문을 열어두어야 하는 지역에서는 탈착 가능한 방풍창을 설치하여 이를 보호한다. 만일 그것으로 부족하다면, 벽, 천장, 바닥에 단열재를 설치할 수 있다. 가능하다면, 이중 출입문들을 설치할 수도 있다. 모든 종류의 개구부들은 공기가 새지 않도록 고안된 여러 가지 방풍시설들로 막을 수 있다. 새로 건축한 몇몇 교회들은 모든 외벽을 흙으로 둑을 만들어 덮도록 설계되었다. 일반적으로 특히 추운 지역에서는 건물이 대지에 바싹 달라붙는 경향이 있는 것 같다.

　에너지 절약을 위해 더 효율적인 기계장치들을 사용하는 방법들도 있다. 오래된 난로 때문에 연료 소비가 50퍼센트까지 늘어난다. 반면에 새것은 97퍼센트까지 효율을 높일 수 있다. 장비를 교환하는 일에는 상당한 비용이 든다. 그러나 시간이 지나면 그 비용은 결국 보상될 것이고, 특히 냉난방 기간이 더 긴 기후에서는 더욱 그러하다. 에너지 절약은 또한 냉방기_{에어컨}에도 적용된다. 반면에, 가장 효율적인 조명이 항상 바람직한 것은 아닐 수도 있다. 예를 들면, 형광등은 건물 안에서 주일학교 교실이나 작업 영역과 같은 장소에서는 좋지만, 예배 공간의 조명으로는 바람직하지 못하다.

에너지 가격이 오르면서, 많은 교회에서 소예배실의 인기가 높아졌다. 그러한 작은 공간은 추운 계절 내내 쾌적하게 난방을 할 수 있다. 반면에 주 예배 공간은 주중에 거의 사용하지 않기 때문에, 배관이 얼지 않을 만큼 충분히 난방을 해야 하겠지만, 실내 온도는 더 낮을 것이다. 소예배실은 훨씬 간단한 난방과 냉방, 조명만 이용하면 되기 때문에, 매일 예배와, 가끔은 결혼식이나 장례식, 개인 기도를 위해 사용할 수 있을 것이다. 큰 예배 공간에서라면 두려움과 소외감을 느낄 모임들도 보다 작고 친밀한 소예배실에서는 편안하게 예배드릴 수 있을 것이다.

마지막으로, 건축가는 에너지 절약에 관한 문제들을 잘 알고 있어야 한다. 비록 관련된 전문가들과 협력하는 것이 필요하다 할지라도, 모든 문제를 전체적으로 볼 수 있는 사람의 조언이 필수적이다. 어떤 장비나 기술 서비스를 판매하는 사람들은 아마도 십중팔구는 교회의 요구들을 그들이 공급할 수 있는 것에 맞추려고 할 것이다. 따라서 실제로 필요 없거나 또는 품질이 좋지 못한 장비와 서비스를 구매하는 것을 피하기 위해서는 반드시 객관적으로 평가해보아야 한다.

역사 보존

최근의 또 하나의 현상은 역사 보존에 대한 관심의 확산이다. 여기서도 관리라는 측면에서 도덕적인 책임들이 있지만, 에너지 절약의 경우와는 전혀 다른 특성을 가지고 있다. 에너지 절약을 위해서는 변화가 필요한 반면에, 역사 보존을 위해서는 변화가 없는 것이 낫다. 역사 보존 문제의 경우, 현재의 사용과 편안함이라는 입장에서 보면 도덕적 책임이 줄어들지만, 우리보다 앞서 간 사람들과 우리 뒤에 올 사람들에 대한 의무라는 견지에서 보면 그 책임이 커진다. 200년 된 건물에서 예배드리는 사람은 현재의 세대가 그 건물을 소유한 것이 아니라, 단지 그 건물의 역사의 한 시점에서 그것을 점유하고 있는 것일 뿐임을 인식해야 한다. 그 건물은 그것을 지은 사람들의 믿음과 예배 생활에 대한 살아 있는 중요한 증거가 될 것이다. 그리고 그것은 그들을 계승하는 후손들이 알고 감사할 필요가 있는 증거다.

최근에 대부분의 개신교 교단과 로마 가톨릭 교회의 예배에서 중요한 변화들이 나타나고 있다. 이러한 변화들은 대부분의 경우에 상당한 건축적 변화를 요구한다. 로마 가톨릭 교회들 사이에서 일어난 근본적인 혁신은 성찬상을 벽으로부터 떼어놓고 그 형태를 단순화하며, 감실(혹은 성합)의 위치를 옮기는 것이었다. 이 모든 변화는 자주, 현 세대의 예배와 이전 세대의 예배의 서로 다른 요구들 사이의 타협을 통한 어려운 결정들에 의해 이루어졌다. 여기서 다음과 같은 질문이 발생한다. 어떻게 과거의 예배를 위해 필요했던 것을 파괴하지 않으면서도 오늘날의 교회가 드리는 예배의 요구 사항들을 가장 잘 충족시킬 것인가?

교회는 살아 있는 유기체다. 교회가 박물관이 될 수는 없다. 따라서 기독교 예배를 위한 이 세대의 요구들이 우선시되어야 한다. 이 책을 통틀어 우리의 태도는, 교회당은 존경받기 위해서가 아니라 사용되기 위해서 지어진다는 것이다. 기능이 가장 중요하며, 형태는 기능에 부수적이다. 신앙 공동체의 삶이 우리의 진정한 관심이며, 건물은 오직 그 삶을 섬기기 위해 존재한다.

그렇다면 다음과 같은 몇 가지 고려들이 우리의 비판을 완화시켜, 우리가 새로운 물결에 휩쓸려 원치 않는 이미지들과 성찬상들을 파괴하는 것을 막을 수 있을 것이다. 최근의 사건들은 예배가 변할 수 있고 또 변하며, 그와 함께 공동체의 건축적 요구들도 변할 수 있고 또 변한다는 것을 우리에게 분명히 가르쳐주었다. 존 러스킨John Ruskin이 1849년부터 내건 "건물을 지을 때, 우리는 영구적인 건물을 건축한다고 생각하자"라는 낭만적 슬로건은 설령 그때는 옳았다 하더라도, 지금은 더 이상 옳지 않다. 우리가 무엇을 건축하든지, 그것은 항상 일시적이다. 교회 건물들에 대한 우리의 생각은 겸손해졌다. 우리 자신의 요구와 후손의 요구는 다를 수 있다. 그리고 우리는 우리의 요구를 다른 사람들에게 강요해서도 안 된다. 또한 우리는 다음 시대의 사람들이 기존 건물을 개조할 때, 우리 시대의 것을 버리고 그들의 시대에 필요한 것을 만들 수 있도록 해야 한다. 우리는 마치 우리의 해법들이 다가올 모든 시대의 기독교 예배에 가장 권위적이며 최종적인 것이라고 생각해서는 안 된다.

때때로 우리는 문제들에 대한 해답을 과거의 방식에서 찾을 수도 있다. 특히 1830년 이전에 지어진 개신교 교회 건물들에는 분명히 그러한 문제들에 대한 해답들이 있으며, 훨씬 이후의 것에서도 해답들을 발견할 수 있다. 개신교 초기의 건물들은, 예배에서 회중의 참여가 가장 중요하고 사람들이 설교대와 성찬상에 가까이 있는 것이 필요했던 한 시기의 예배를 곧잘 보여준다. 그 후 수십 년은 다시 성직자가 예배를 점점 더 독점해 가고, 따라서 거룩한 장소가 회중으로부터 멀리 떨어져 있고 그곳이 성직자와 찬양대만이 나아갈 수 있는 장소임을 암시하는 건물들이 나타났다. 이전에 사용하던 주님의 만찬 테이블들은 자주 회중으로부터 가장 멀리 떨어진 벽 앞에 고정시킨 육중한 성찬상으로 대치되었다. 교회들은 좀처럼 어떤 것도 내다 버리지 않으며, 그래서 주의 깊게 살펴보면 주일학교 교실로 밀려나 있는, 이전에 쓰던 주님의 만찬 테이블을 발견할 수 있을 것이다. 어떤 경우에는 이 성찬상이 현재 예식에서 사용하는 것보다 더 훌륭하다는 것을 발견하고 다시 사용하기도 했다. 세례반과 심지어는 설교대도 마찬가지였다. 건물에서 이전의 배열이 참여의 예배를 위해 더욱 적합하다는 것을 매우 자주 발견할 것이며, 그 배열이 복구될 때 그 건물 전체는 좀더 완전한 모습을 회복할 것이다. 옛날 사진들은 공동체 회원들과 지역의 역사학회로부터 확보할 수 있을 것이다. 교회 건물의 보수와 개량에 관해 기록한 문서들은 이전의 배열을 연구하는 데 유용한 자료들이다.

건물의 역사에서 선례를 찾아볼 수 없는 주요한 변화들도 종종 예배에 대한 동시대적 이해에 맞추기 위해서는 필수적이다. 건물에 어떤 변화를 가하기 전에, 미래 세대를 위해 현재 건물의 사진이나 측량도면 같은 것들을 통해 철저히 기록을 남겨야 한다. 이러한 기록물들은 건물을 물려받을 사람들에 대해 교회가 지니고 있는 책임의 일부로, 안전한 장소에 보관해두어야 한다. (많은 경우에, 심지어 최근 20년 내에 지어진 많은 건물과 관련해서도 이 점은 중요하다. 왜냐하면 언젠가는 다른 사람들이 제2차 바티칸 공의회 이후의 교회 건물에 대해 더 많은 것을 알 필요가 있을 때가 올 것이기 때문이다.)

변화를 가하더라도, 불필요한 파괴는 피하는 것이 중요하다. 일반적으로 재료들은 본래의 건물에 사용했던 것들과 동일한 것을 사용해야 한다. 특히 모두 목재로 지은 건물일 때, 그 한 부분의 목재를 유리섬유로 대체해서는 안 된다. 비록 이전의 건축자들에게 부족한 부분이 있더라도, 그 새로운 구성 요소들은 옛것을 존중해야 한다. 많은 경우, 옛 건물의 재료나 장식을 하나의 두드러진 테마로 특성화하여 새로운 건물에 포함시킬 수 있다.

흔히, 옛 건물의 어느 구석진 곳에서 새롭고 탁월한 디테일들을 가진 훌륭한 단편들이 발견될 수도 있다. 이러한 것들을 새로운 건물의 디자인을 위해 사용할 수 있다. 오늘날 많은 예배실 리모델링에서는, 지나치게 많은 이미지나 불필요한 성찬상을 버리는 등, 훨씬 더 단순한 쪽으로 가고 있다. 이 과정에서 그동안 사용되었던 특징 있는 수공예로 제작된 세세한 부분들을 유의해야 한다. 그것들은 그 건물의 과거와 현재를 연결시킬 뿐만 아니라, 오늘날에는 찾아보기 힘든 특징이 될 수도 있다. 확실히 대량생산 제품들은 디테일들을 제거하면서 단순하게 만들어진다. 그러나 이러한 귀중한 보물들을 잃어버려서는 안 된다.

중요한 변화로 인해 한 건물을 완전히 새롭게 만들어야 할 때가 많다. 이는 숙련된 솜씨를 요구하지만, 그러나 뉴욕 주 사라토가 스프링스에 있는 로마 가톨릭 교회인 세인트 피터 교회 Church of St. Peter의 예가 증명한 것같이 대단히 성공적일 수 있다. 거기서는 회중의 공간이 한 방향으로 길게 뻗어 있는 긴 터널 같은 예배 홀 대신, 회중석이 3면에서 성찬상을 둘러싸도록 바뀌었다. 이전의 성단소는 소예배실이 되었다. 예배당을 개축하는 과정에서 했던 몇 가지 소극적인 시도들은 별로 성공적이지 못했다. 새 성찬상이 단지 옛 성찬상 앞에 자리 잡는 것은, 진짜 성찬상은 아직 벽 앞에 있으며 그 앞에 놓인 새것은 단지 일시적이고 임시적인 것이라고 선언하는 것과 마찬가지다. 때로는 옛 성찬상의 일부를 소예배실로 옮겨 사용할 수도 있다. 만약 그렇게 하지 않는다면, 실제로 사용되는 성찬상과 시각적으로 경쟁하지 않도록 그것을 없애거나 숨기는 것이 최선이다. 소예배실은 어떤 가구들을 재사용하기에 적절한 장소다.

많은 예에서 볼 수 있듯이, 역사 보존은 숙련된 전문가의 도움을 받는 것이 유용하다. (미국의) 각 주는 이제 주 역사 보존 담당자를 두고 있다. 수십만 개의 건물이 보존할 가치가 있는 장소로 국가 사적등록부에 등재되어 있다. 통상적으로, 주 역사 보존사무소는 건물이 지닌 특징의 희귀성과 품질을 평가할 수 있는 지역 전문가와 만날 수 있게 연결해준다. 옛 건물을 현대적 기능에 맞도록 적절히 수정·보완함으로써, 교회와 지역을 위해 중요한 건물을 보존하는 동시에 교회를 잘 섬기는 건물로 만들 수 있다. 옛 건물 외부의 섬세하게 아름다운 부분들이 비닐계 사이딩•에 덮여 사라지는 것을 보는 것은 마음 아픈 일이다. 단지 무지하다는 이유로 그러한 파괴가 일어나서는 결코 안 된다.

보안

보안 문제는 오늘날 대부분의 교회가 직면하는 문제다. 이전에는 사람들이 기도와 묵상을 위해 자유롭게 들어갈 수 있도록 교회당 문을 잠그지 않은 채로 열어두는 것이 보통이었지만, 그런 일이 점점 드물게 되었다. 교회의 예술 작품들은 도둑들을 유혹하는 목표가 되었다. 보호하지 않은 채로 놓아둔 다른 물건들도 사라진다. 교회 시설을 개방할 의무를 느끼는 도시의 교회

• 미국의 목조 건물 외벽에 주로 사용되는 목재 널 모양으로 만든 비닐계 외장재료.

들은 큰 경제적 부담에도 불구하고 경비인들을 고용할 필요가 있음을 절감한다.

한 가지 해결책은 평일에는 본당 출입을 통제하고, 안전하게 관리할 수 있는 소예배실을 개방하는 것이다. 소예배실 안에는 벽화나 모자이크, 또는 도난의 염려가 적은 예술 작품들을 둘 수 있다. 소예배실과 본당 둘 다를 위한 공동의 성구실을 두는 것도 도움이 된다. 그러나 성구실은 교회의 은제품이나 예복들을 보호하기 위해 잠가두어야 할 필요가 있다. 소예배실은 잠시 기도하기 위해 들어오고 싶어하는 사람들을 위한 폭넓은 기회를 제공하며, 잠긴 문이나 경비로 인해 사람들의 기분이 상하는 일이 발생하지 않을 것이다.

새로운 교회 시설들을 계획할 때, 건물 안으로 들어오는 모든 사람들을 살필 수 있도록 안내 데스크를 배치하는 것도 가능하다. 그러나 안내 데스크는 사람들을 돕기도 하지만, 교회에 스스로 찾아 들어오려는 사람들을 위축시키기도 한다.

교회의 많은 모임이 저녁에 이루어지고, 크리스마스이브나 재의 수요일, 부활절 철야 같은 야간 행사가 점점 늘어나는 경향이 있기 때문에, 교회의 외부 조명에 대해 깊이 생각할 필요가 있다. 건물 주변, 주차장, 그리고 건물로 향하는 길의 적절한 조명은 사람들의 안전을 위해 중요하며 모임 참석을 북돋아줄 것이다.

　대부분의 지역 공동체들은 화재 때 안전을 확보하기 위한 설비들을 포함한 건물 관련 규정들―예를 들면, 예배실의 중층 발코니에 두 개의 계단을 설치하도록 하는 규정 같은―을 가지고 있다. 공사에 착수하기 전에 설계가 해당 지역의 건축 관련 법령들에 적합한지를 확인하는 건축 허가가 필요하다. 그럼에도 교회는 단지 최소한의 규정을 충족시키는 수준이 아니라, 모든 사용자를 위해 가능한 가장 높은 수준의 안전을 보장할 책임이 있다. 때때로 출입구의 개수와 위치를 정할 때처럼, 보안을 위한 요구와 화재 시 안전한 대피를 위한 요구가 서로 충돌할 수 있는데, 이를 해결할 필요가 있다. 그러나 그것이 안전의 문제일 때, 교회는 추가 비용이 들더라도 생명과 신체의 안전을 확보해야 한다.

장애인들의 접근성

　교회는 예배에 참석하려고 오는 모든 사람을 환영한다고 공언한다. 그러나 많은 교회당들은 물리적 장애물들을 가지고 있어 장애인들이 들어오는 것을 막는다. 우리는 그 내부까지 21개의 계단들이 설치되어 있고, 그 상부의 4개의 계단에는 난간이 없는 교회를 본 일이 있다. 이는 우리가 사람들을 초대하고 나서 그들이 들어오는 것을 방해하는 식의 이상한 자기모순이다. 분명히 의도적인 것은 아니겠지만, 장애를 가진 거의 10퍼센트에 달하는 미국인들에게 이는 심각한 장애물이다. 여기서 교회가 모든 개인의 전 인간적 가치를 확언할 필요, 즉 정의와 관련된 지극히 중요한 논제가 걸려 있다. 어떤 사람에게는 접근을 거부하고, 어떤 사람에게는 참여의 정도를 제한하는 것은 본질적으로 그들의 전적인 가치를 부정하는 일이다. 바울은 교회 안에서 "하나님이 몸을 고르게 하여 부족한 지체에게 귀중함을 더하사 몸 가운데서 분쟁이 없고 오직 여러 지체가 서로 같이 돌보게 하셨느니라. 만일 한 지체가 고통을 받으면 모든 지체가 함께 고통을 받고"라고(고린도전서 12:24b-26) 분명히 말한다. 이렇게 모든 그리스도인은 그리스도의 몸의 어떤 지체들이 건축적 장애물들에 의해 배제되거나 무시될 때 고통을 당한다.

19세기 중반에 출현한 주일학교 운동으로 인해 교회에는 신앙 교육을 위한 더 많은 공간이 필요하게 되었다. 많은 교회들은 그러한 공간을 제공하는 가장 경제적인 방법이 때로는, 건물을 그대로 들어 올려 예배 공간 아래층에 이 새로운 공간들을 추가하는 것임을 발견했다. 최근에야 겨우 우리는 2층의 예배 공간으로 올라가는 일련의 외부 계단들이 거대한 장벽임을 깨달았다. 특히, 영하의 기후에서는 더욱 그렇다. 어떤 사람들(장애자나 노약자들)에게는 그것이 "들어오지 마시오!"라는 표지판이 서 있는 것과 마찬가지다.

근래에 우리가 살고 있는 사회는 공공장소에서 모든 사람의 접근성을 보장하는 문제를 더욱 민감하게 의식하게 되었고, 많은 경우 이 문제를 교회보다 더 훌륭하게 해결했다. 우리는 이러한 문제들이 처음에 생각했던 것보다 더 복잡하다는 것을 알게 되었다. 몇 년 전에 우리는 인도와 차도 사이에 설치한 연석이 도로를 건너려는 휠체어들을 막지 않도록 연석을 경사지게 깎아내는 방법을 고안해냈다. 그러나 이제는 교통이 빈번하다는 것을 알지 못하고 교차로 안으로 걸어 들어가는 시각장애인들에게는 휠체어를 위해 만든 경사진 연석들이 (특별한 대비책이 마련되지 않는 한) 대단히 위험하다는 것을 깨달았다. 또 우리는 휠체어들이 접근하기에 최선의 방법처럼 보였던 경사로가, 중풍환자들에게는 사용 불가능한 통로라는 것을 알게 되었다. 매년 새로운 문제들이 발견되었고, 그때마다 새로운 해법을 찾아왔다. 따라서 신축이나 개축을 고려하는 교회들은 이 주제에 관한 최근의 보고서나 문헌들을 재검토해야 한다.

여기서 우리는 거의 대부분의 기존 건물들과 새로운 건물 계획에서 주의할 필요가 있는 겨우 몇 가지 영역만을 열거할 수 있다. 계단(외부 계단이든 내부 계단이든)으로 인해 발생하는 문제들은 분명하다. 여러 기후 조건에서, 보호 설비를 갖추지 않은 모든 외부 출입구는 사람들을 곤경에 빠트릴 수 있다. 경사로나 계단, 또는 좌석형 리프트는 눈과 얼음이 없는 건물의 내부에 위치해야 한다. 외부의 보행로에는 가로대나 표지판 같은 것들이 매달려 있어서는 안 된다.

내부와 외부에 단 하나의 계단을 두는 것은 피하고, 경사로와 계단들에는 바닥 높이에 있는 모든 변화들을 색과 질감이 있는 선들로 표시하라. 미끄러질 수 있는 바닥 깔개나 매트는 사용하지 말고, 난간이 없는 경사로에는 지팡이와 목발이 미끄러지는 일을 방지하도록 연석을 설치해야 한다. 난간은 그곳에 진입하기 전에 잡을 수 있도록 계단이나 경사로의 끝에서 약 45센티미터 이상 더 뻗어 있어야 한다. 난간에는 어린아이들이 그 사이로 떨어지지 않도록 여러 줄로 가로대를 대고, 수직 난간 기둥은 그 난간 기둥 사이로 휠체어의 바퀴가 낄 수 있기 때문에 피해야 한다.

문들도 특별한 문제들을 일으킨다. 손에 관절염을 앓고 있는 사람들에게 어떤 종류의 손잡이는 잔인하게 작용할 수 있다. 특히 가장자리가 날카로우면 더욱 그러하다. 돌리거나 꽉 쥐어야 하는 문의 손잡이는 신체의 넓은 부분이나 몸 전체를 사용할 수 있는 레버(옆으로 밀어 돌리는 문 손잡이)나 밀판(문을 미는 자리에 부착된 금속판)으로 대체해야 한다. 표면에 질감이 있는 손잡이는 시각장애자를 도와준다. 유리 판넬은 어린이들이나 휠체어를 탄 사람들이 다른 쪽을 볼 수 있게 해준다. 그리고 문의 아래 부분에 설치한 금속판은 휠체어로 문을 열 수 있게 해준다. 비상 출구의 문에 손잡이 대신 밀대(밀면 문이 열리도록 손잡이 위치에 설치한 가로대)를 설치하는 것은 필수적인 예방책이다.

화장실 설비에 대해서도 모든 사람이 편리하게 사용할 수 있도록 사려 깊은 계획을 세워야 한다. 특별히 설계된 설비들은 유용하지만 그 설치를 위해서는 더 많은 공간이 소요된다. 휴대품 보관소는 휠체어를 탄 사람들이 그들의 옷을 걸 장소를 제공하여야 한다. 회중석에 의자들을 설치하지 않고 비워둔 영역들은 휠체어를 탄 사람들이 반가워할 장소다. 그곳의 바닥에는 그들이 보다 안전하게 머무를 수 있도록 경사가 없어야 한다. 의자 사이에 약간의 여유 공간을 가진 몇 개의 회중석들을 두면 목발이나 지팡이 또는 보행 보조기를 사용하는 사람들에게 유익할 것이다.

대부분의 교회에는, 잘 듣지 못하거나 눈이 어두운 사람들이 있을 것이다. 많은 교회들은 이제 별도의 비용 없이 교회 소식지의 글자의 크기를 두 배로 확대하는 복사기들을 가지고 있지만, 이러한 노력을 하는 교회는 거의 없다. 글자를 크게 인쇄한 성서, 찬송가집, 예배서 등을 비치해두는 것도 유용하다. 또한 시각장애를 가진 사람들을 돕기 위한 충분한 조명이 필수적이다. 듣지 못하는 사람들이 말하는 사람의 입술을 읽을 수 있도록, 예배를 인도하는 사람들에게 충분한 조명을 비추는 것도 도움이 될 것이다. 수화 통역자가 준비되면 더욱 좋으며, 그 사람이 서 있는 영역도 반드시 조명을 잘 비춰야 한다. 청각장애자들을 위해 지정된 좌석에 특별한 이어폰이 마련되어 있으면 좋을 것이다.

어떤 교회들은 이제 통상적으로 주일 예배를 테이프에 녹음해두는데, 병실에서 그것을 재생할 수 있다. 비디오의 광범위한 보급으로 매주 주일 예배의 녹화 테이프를 집에 있는 사람들에게 제공할 수 있을 것이다.

이러한 모든 준비에는 별도의 비용이 든다. 그러나 만일 다른 방법으로는 예배에 참여할 수 없는 사람들이 예배를 드릴 수 있게 만들어준다면, 그 돈은 잘 쓰는 것이다. 현재, 장애 조건을 가진 사람들을 위한 설비를 완전히 갖춘 교회는 거의 없다. 그리고 우리는 틀림없이 지금까지는 무시되었던 또 다른 장애를 발견할 것이다. 주요 도시에서 조사해본 결과, 휠체어가 접근 가능한 교회는 1퍼센트를 넘지 않았다. 이는 사람들을 끌어들이기보다는 쫓아내는 요소이기 때문에 복음 전도에 반하는 일이다.

연방 정부 및 각 주에는 공공장소의 접근성에 관한 가이드라인과 법적 요구 사항들이 있다. 교회들은 통상적으로 이러한 사항들에 영향을 받지 않는다. 그러나 그러한 사항들을 연구하는 것은 유익하다. 현재 많은 교단이 장애물 제거를 위한 지침서들을 출판하고 있다. 그리고 다른 유용한 문헌도 활용할 수 있다.[4]

예배 예술

교회건축은 모든 예술들을 위한 자리를 제공한다. 최근에는 예배에서 시각 예술의 역할이 매우 중대한 변화를 일으키고 있다. 한때, 신에 대한 이미지들이 우상숭배를 야기할 수 있다는 점을 두려워했던 개신교 그룹들도 그러한 예술품들을 묵인하고 결국에는 환영하게 되었다. 한편, 로마 가톨릭 교회들은 교회 안에 사용된 과도한 이미지들로 인해 비판받아왔고, 그래서 수많은 성화와 감상적인 벽화들, 가짜 대리석 제단들을 제거했다. 개신교 교회들과 로마 가톨릭 교회들은, 훌륭한 예배 예술●이 예배에서 중요한 역할을 하며, 형편없는 예술은 피해야 한다는 것을 깨닫게 되었다. 훌륭한 수준의 예술은 아름다워서가 아니라 우리가 예배의 대상에 더 가까이 가도록 도와주기 때문에 중요하다. 그런 의미에서 그것은 단지 "종교" 예술이 아니라 "예배" 예술이다.

교회에서 예배 예술이 갖는 목적 중 일부는, 우리가 예배를 위해 모일 때 우리가 하려고 하는 것의 중대함과 진지함을 강조하는 것이다. 예배는 우연한 집회가 아니다. 예배는 하나님과 만나고 있는 하나님의 백성이다. 사람들은 스낵바에서는 미술을 기대하지 않지만, 훌륭한 레스토랑에서는 아름다운 분위기를 기대한다. 일본의 다도茶道는 주의 깊은 의식과 우아한 시각적 상황을 한데 모은 훌륭한 예다. 사람들은 다도에서 그에 포함된 모든 사물을 주의 깊게 선택하고 조절함으로써 손님에 대한 존경심을 표현한다. 예배에 우리가 부여하는 가치는 우리가 마련하는 환경의 질로 강조된다.

이러한 의미에서, 우리의 일회용 소비문화throw-away culture의 많은 부분들과 예배 사이에는 근본적인 단절이 있다. 우리가 하

● 기독교 미술. 가톨릭에서는 성미술이라 부른다.

나님을 만날 때 하는 일은 숭고함 속에서 이루어지며, 건물과 그 안의 모든 것은 우리가 하나님의 임재 안에 있음을 선언해야 한다. 하나님이 우리에게 나타나시는 데 반드시 아름다움이 필요한 것은 아니지만, 우리가 하나님의 임재 안에 있음을 기억하도록 돕는 예술이 우리에게 필요한 경우가 많다. 이를 위해 물리적인 대상들이 영적 실체들을 지각하게 하는 한 방법으로 사용될 수 있다. 이렇게 교회들 안에 예술 작품을 마련하는 것은 눈을 즐겁게 하기 위한 것이 아니고, 순수하게 물리적인 것을 초월하는 실체들을 암시함으로써 인간의 내면을 조명하기 위한 것이다.

신축 예산이나 개축 예산을 세울 때에 예배 예술에 일정 부분을 할당하는 것은 훌륭한 실천이다. 수준 높은 예술을 위해 단지 몇 퍼센트의 예산을 할당하는 것만으로도 전체 프로젝트에서 중대한 차이를 만들어낼 수 있다. 일반적으로, 평범한 작품 여러 개보다 특출한 것 한 개를 확보하는 것이 더 낫다. 우리는 교회를 위한 미술품을 구입하는 것과 관련하여 조언할 때 사치스러운 것을 권하지는 않으나, 그것이 인간과 하나님이 만나는 장소에서 중요한 요소임을 강조한다.

건축가는 자주 그 지역의 예술가들과 접촉할 것이다. 웬만큼 큰 도시 대부분의 그리 멀지 않은 곳에는 대학이 있으며, 그

대학에는 예술 관련 학과가 있다. 그 지역 공동체에 있는 박물관이나 미술관에 문의하면, 그 지역이나 다른 곳에서 교회를 위한 훌륭한 예배 예술품을 만들어내는 유능한 사람들을 안내할 것이다. 만일 이러한 사람들이 관심을 보인다면, 그들은 공동체의 요구들을 분명히 파악하기 위해 교회의 대표들과 이야기해야 한다. 교회는 예술가들이 다른 분야의 전문가들과 마찬가지로 전문가라는 것과 그리고 세속적인 작품과 똑같은 기준으로 작품료를 지불해야 한다는 것을 염두에 두어야 한다.

예술가의 능력은 진지하게 생각할 문제이며, 그들의 능력을 평가하는 일에는 전문가의 도움이 반드시 필요하다. 신앙심이 깊지만 작품은 평범한 사람보다는 차라리 훌륭한 재능을 가진 일반인 예술가를 선택하는 것이 훨씬 더 낫다. 예술적 능력도 중요하고, 그 신앙 공동체의 생각을 기꺼이 경청하려 하는 자세도 중요하다. 오늘날 우리는 카타콤에서조차 많은 그림이, 그리스도 공동체의 요구를 기꺼이 경청했던 이교도 예술가들에 의해 그려졌다는 것을 알게 되었다. 그리고 현대의 가장 훌륭한 예배 예술 작품 중 상당수가, 공동체 신앙을 표현하려고 노력했던 비신자들에 의해 창조되었다. 신앙과 예술을 주제로 하는 잡지인 「신앙과 형식」*Faith & Form*에 때때로 도해로 들어가 있는 전국예배예술작품대회와 심사위원의 작품 선정 사유는 교훈을

줄 수 있다. 어떤 이벤트에서나, 예술가에게 작품을 의뢰하기 전에 그의 이전 작품들을 심사해야 한다.

예배 예술은 본질적으로 우리가 그 앞에서 하나님께 기도드리게 하는 예술이다. 그 예술의 주요 기능은―비록 그 이미지와 그것이 묘사하는 것이 혼동되어서는 안 된다 하더라도―보이지 않는 하나님의 임재를 보이게 만드는 것이다. 예배 예술은 우리가 서 있는 땅이 거룩하다는 것, 곧 우리가 하나님의 임재 안에 있다는 것을 깨닫게 하면서 우리에게 신발을 벗도록 명령한다. 평범한 예술은 이렇게 하지 못할 것이다. 우리는 하나님과 비슷한 사진 같은 것을 만드는 것이 아니라, 그 너머에 마음의 눈만이 볼 수 있는 것을 가리키는 표상을 만든다. 이처럼 그러한 예술에는 초월적 특성이 있다. 그것은 초월적 존재를 우리마음속에 나타나게 만드는 힘이 있다. 마치 사랑하는 사람이 앞에 없을 때 사진을 통해 그 존재를 묵상하는 것과 마찬가지다. 그러나 사랑하는 사람과는 달리, 하나님은 임재해 계시고, 우리는 단지 이 실재를 깨닫는 것이 필요할 뿐인데, 예배 예술은 이를 돕는다.

예배 예술의 특징은 그 예술이 가지는 공동체적 성격에 있다. 한마디로, 예술가는 그 공동체에게 말한다기보다는 그 공동체를 '위해' 말하며, 자기표현을 목적으로 하는 것이 아니라 그

교회건축과 예배 공간

공동체를 하나로 만드는 것의 본질을 포착하는 것을 목적으로 한다. 각각의 작품은 공동체의 믿음을 손에 만질 수 있는 대상으로 바꿔가는 과정에서 발휘되는 예술가의 통찰과 능숙한 솜씨를 담아낼 것이다. 이러한 작품을 만드는 일은 본질적으로—예술적 솜씨를 가진 사람에게 위임되는—공동체적 노력이다.

우리가 신앙을 표현할 때에 단어들이 해온 것과 똑같은 역할을 해온 기호sign와 상징symbol이라는 전통적 언어에 상당히 많이 의존한다. 사도신경과 니케아신경은 천 년도 넘게 그리스도인들이 사용해왔다. 시각적 상징도 마찬가지다. 우리는 예술가들에게 전적으로 새로운 도상학을 개발할 것을 요구하지 않는다. 우리는 단지 관습적인 개념들을 표현하기 위한 일반적으로 인정된 시각적 언어를 사용한다. 예를 들면, 십자가, 비둘기, 하나님의 손 같은 것인데, 그것들은 공동체가 함께 공유하는 시각적 전통을 표현한다. 이것은 예술가가 전통적인 양식에 묶여 있음을 의미하는 것은 아니다. 그와는 반대로, 예술가는 인식할 수 있는 어휘를 가지고서, 그것을 예상치 못한 방법으로 사용할 수 있다. 각 세대는 동일한 것을 그러나 새로운 방법들로, 즉 그들이 경험하는 실체들에 기초하여 의미가 통하는 방법들로 말할 필요가 있다는 뜻에서, 그것은 현대적인 동시에 전통적인 것이다. 그래서 전통적 요소들이 이전에 알려지지 않은 방법과 스타일들로 사용될 수 있다.

예배 예술의 또 다른 특성은 우리를 표면의 실체를 넘어 깊은 차원에 도달하게 하는 능력, 곧 신앙적 힘의 차원이라고 부를 수 있는 것이다. 그것은 백부장이 한 말과 같이 우리가 "이 사람은 진실로 하나님의 아들이었도다"(마가복음 15:39)라고 말할 수 있게 하는 능력이다. 겉모습을 충실하게 묘사하는 예술에서는 이 차원이 결여되어 있는 경우가 많다. 어떤 왜곡이 겉모습 이상의 것을 표현할 수도 있을 것이다. 이처럼 예술가가 그리고, 조각하고, 유약을 칠하는 것은 내면의 통찰이다. 이 통찰은 하나님에 대한 우리의 경험의 본질을 찾아 그 표면 아래로 침투한다.

많은 원시 예술에는 이러한 특성이 있다. 뉴멕시코의 전통적인 종교조각상인 산토스santos는 아마도 미국에서 생산된 예배 예술의 가장 강력한 예일 것이다. 금세기에 조르주 루오 Georges Rouault의 그림들은 이러한 깊이의 차원을 가지고 있다. 루오의 그림들은 주제를 실제적으로 묘사하는 게 아니라, 그 주제를 통한 계시를 묘사한다. 분명히 그러한 신앙적 힘의 특질을 서술하기는 어렵다. 비록 경험할 수 있는 것이라 하더라도, 그것을 말로 표현하려고 할 때 우리는 구어口語의 한계를 느낀다. 아마도 이것이 시각 예술이 필요한 정확한 이유일 것이다.

일반적으로 이러한 예술품은 건축가와의 협력을 통해서 디자인되고 창조되어야 한다. 카탈로그에 나오는 가구들과 예술품은 필연적으로 대량생산된 것들이다. 그것은 일반적인 예술이지 어떤 교회를 위해 디자인된 것은 아니기 때문에 건물의 스케일이나 재료들과 충돌하기 쉽다. 게다가 이 "예술품"은 지역에서 만든 작품보다 더 비싼 경우가 많다. 나쁜 품질, 비싼 가격, 부적절함은 카탈로그 예술품을 피해야 할 충분한 이유가 된다. 만일 경제적인 문제 때문이라면, 먼저 좋은 작품 하나를 주문하고, 기금이 더 조성된 후에 추가로 다른 작품들을 주문하는 것이 바람직하다.

우리는 예배 예술의 가장 일반적인 형태들 중 몇 가지를 간단히 언급했다. 주요 예전 가구들인 설교대, 성찬상, 세례반은 공동체의 삶에서 바로 그 중심에 함께 있는 사물들이며, 예술품이어야 할 만한 충분한 가치가 있다. 따라서 그것들은 가능한 한 가장 훌륭한 디자인 솜씨들을 반영해야 하며, 수준 높은 유능한 장인들이 좋은 재료로 만든 것이어야 한다. 이들 세 개의 가구는 유사한 특징들을 가진 디자인과 공통의 재료를 통해 하나의 단위로 보여야 하며, 특히 그것들이 서로 가까이 위치해 있다면 더욱 그러하다. 적절한 가구들을 제공하려는 관심은 하나님이 말씀과 성례전 안에 일하신다는 우리의 믿음을 가리키는 표시이며, 이를 위해 이 가구들은 필수적이다.

때때로 이미지나 단어 또는 상징을 설교대나 성찬상이나 세례반 위에 두자는 제안도 있다. 그러나 이 가구들의 형태가 그 기능을 표현해야 한다는 것과, 기능이 상징보다 훨씬 더 설득력 있다는 것을 기억해야 한다. 설교대는 독서를 위한 장소라는 것을 분명히 드러내야 하고, 성찬상은 먹고 마시는 장소라는 것을, 세례반은 물을 담은 그릇이라는 것을 드러내야 한다. 본질적 상징은 예배의 중심으로서 그 가구들이 갖는 기능이지 가구들 위에 조각되거나 그려진 것이 아니며, 상징 위에 또 다른 상징을 둘 필요가 없다. 십자가나 새겨진 단어들이 볼품없는 형태의 성찬상을 훌륭한 성찬상으로 만드는 게 아니며, 수많은 성인의 그림이 한 작은 수반을 세례식에 적합한 세례반으로 변형시키는 것도 아니다.

예배의 중심을 통합하고 전체 공간에 초점을 부여하기 위해, 하나의 십자가나 이미지 같은 상징을 그 중심 부근에 두는 것은 바람직하다. 성찬상 위나 뒷벽에 매달려 있는 커다란 십자가는 이 목적을 잘 수행한다. 그것은 다른 가구들과 스케일이 맞아야 하고, 비슷한 재료이거나 신중하게 대비시킨 재료로 되어 있어야 한다. 어떤 경우에는 그리스도의 이미지가 이 기능을 가장 잘 수행한다. 만일 다른 이미지들이 나타난다면, 그들은 항상 그리스도의 형상에 종속되어야 한다.

우리는—특히 스테인드글라스나 그림 또는 조각의 형태로된—이미지와 상징들에 대해 이미 이야기했다. 여기서 우리는 이미지와 상징들이 예배에서 어떻게 공동체에 직접 관계되는지를 물어보아야 한다. 만일 하나의 예술 작품이 어떤 이야기를 말해주고, 행동을 북돋아주며, 과거에 대한 향수를 일으키는 대상으로 보인다면, 그러한 예술 작품은 선교적 능력을 지닌다. 만일 그 예술 작품이 회중으로 하여금 '천사들과 대천사들 그리고 천국의 모든 성도들'과 함께 예배드린다는 것을 생각나게 한다면, 그것은 예배 예술로서 기능할 수 있다. 어떤 전통들에서 주의 깊게 제작한 도상들은 다양한 성인들의 이미지가 지니는 그리스도의 이미지에 대한 근접성을 명백히 보여준다. 모든 전통에서 그리스도의 이미지는 가장 두드러지게 보여야 한다. 그 이미지와 상징들의 목적은 우리가 누구를 예배하며 누구와 함께 예배하는지를 볼 수 있게 만드는 것이다.

비록 우리가 일반적으로 추상예술 형태인 음악을 기꺼이 받아들이기는 하지만, 추상예술은 때때로 우리를 방해한다. 그러나 음악과 마찬가지로 추상적인 시각예술은 보이지 않는 실체들에 대하여 그 경외감, 존경, 초월성, 관대함과 같은 특질들을 설득력 있게 표현할 수 있다. 이는 장식예술에 대한 이야기가 아니라, 우리를 기도로 이끄는 진정한 예전적 기능을 가진 예술에 대한 이야기다. 그리고 많은 경우에 색채와 형태의 추상적인 용법이, 쉽게 알아볼 수 있는 이미지나 상징들만큼이나, 또는 그보다도 더 효과적일 수도 있다. 어떤 종교에서는 모든 종교 예술이 추상적이다.

최근에 우리는 가운이나 걸개 또는 현수막들을 만들면서 예배 예술로서 직물의 사용에 대해 훨씬 더 민감해졌다. 직물은 평탄하게 펼칠 것이라면(어떤 것은 그렇지 않다) 거의 어떤 것이든 짤 수 있다. 이 매체의 특질을 아는 것이 중요한데 너무 자주 직물에 많은 문자들과 상징들을 짜 넣음으로써 인쇄 매체로서의 기능을 하게 만들기도 한다. 예전을 위해 사용하는 가장 훌륭한 직물들은, 여기서 중요한 일이 일어나기 때문에 이 장소가 중요하고 전적으로 주목받을 만한 가치가 있다는 것 외에는 아무것도 말하지 않는다. 우리는 우리에게 그런 말을 해주는 단어들이 필요하지 않다. 우리는 말 대신 색깔과 질감과 형태를 사용할 수 있다. 훌륭한 린넨 테이블보에는 말이 필요 없다.

직물은 다른 매체가 할 수 없는 방식으로 그 기능을 한다. 직물은 본래 촉각적이어서, 사람들은 그것들을 손으로 만져서 조사해보려 한다. 직물은 우리로 하여금 그것이 덮고 있는 물체와 보다 더 친밀하게 관련되도록 하여 나무와 돌과 벽돌을 인간적으로 만든다. 통상적으로 직물은 휴대할 수 있으며, 우리가 그리스도의 사역과 관련하여 연례행사를 진행할 때마다 바꿀 수 있다. 이는 계절과 축일이 바뀔 때마다 건물에 다양한 느낌을 줄 수 있다. 비슷한 일이 꽃 장식으로도 일어난다. 우리는 호랑가시나무로 한 축제를 연상시키고, 백합으로 또 다른 축제를 연상시킨다. 변화와 연속성은 예배에서 중요하다. 건물은 항상 똑같은 채로 있어서는 안 된다. 그리고 직물은 우리에게 경우마다 다른 모습의 건물을 보여줄 수 있다.

기본적으로 추상예술 형태인 직물의 경우, 그 기본 형태가 말하도록 해야 한다. 예를 들면, 성직자의 영대領帶 위에 수놓은 상징은 상징 위에 다시 상징을 배치한 것이다. 십자가 또는 삼각형, 비둘기 등의 장식을 다는 것은 통상적으로 훌륭한 질감과 적절한 색채에 의해 만들어지는 단순하고 직접적인 선언의 가치를 손상시킨다.

또한 걸개들은 보다 넉넉한 크기로 만들어야 한다. 보통, 계절과 시기를 반영하여 신중하게 선택한 하나의 훌륭한 직물은 작은 직물들 여러 개보다 더 많은 것을 말한다. 그리고 그 시기가 지나갔을 때 그러한 직물들을 걸어둘 보관 장소를 마련해야 한다. 우리가 예배에서 사용하는 직물의 종류는 매우 다양하다. 세례복은 아이들을 감쌀 수 있고, 장례보는 관을 덮을 수 있다. 성직자의 가운은 그가 집례하는 행사의 신성함과 의미심장함을 알려준다. 마지막으로 직물은 움직임이 가능해야 한다. 한 사람이 걸친 직물 예술품은 신체의 연장으로서 움직인다. 통풍이 되는 곳에 걸개들을 놓아두면, 그 직물은 마치 살아 있는 것처럼 움직인다.

책들은 예배에서 매우 중요한 역할을 하지만, 우리는 뒤늦게야 이것을 깨달았다. 한 페이지가 인쇄되는 방법은 그 페이지에 인쇄된 내용만큼이나 많은 말을 한다. 그런데도 찬송가집과 예배서의 발행자들은 한 페이지에 얼마나 많이 채워 넣을 수 있는지에 관해서 더 많은 관심을 가졌던 것처럼 보인다. 만일 예배가 특별한 의미를 가진 행동이라면(예배라는 단어 그 자체가, 가치를 어떤 대상에게 돌리는 것을 의미한다), 찬송가집과 예배서들 같은 물품들은 수준 높은 디자인을 보여주어야 한다. 페이지의 조판 형태가 훌륭해야 하고, 글자는 읽기 쉽고 매력적이어야 하며, 종이의 질이 좋아야 한다. 그런데도 대부분 교회의 안내서와 기도서들은 이 모든 점에서 정반대다.

책의 제본은 중요한 예술이다. 그런데도 현대 교회들은 그것을 거의 중요하게 여기지 않는다. 설교대용 성서들, 성구집들, 그리고 복음서들은 모두 예배에서 중요한 역할을 한다. 이 중요성은 그 각각의 특성에 반영되어야 한다. 이러한 출판물의 상업판들을 선택할 때는 많은 주의가 필요하다. 여러 도시에서 숙련된 책 제본사들이 예술 작품들을 만들어낼 수 있다. 그리고 설교대와 성찬상, 세례반에서 사용되는 성서와 예배서, 그리고 결혼식에서와 같이 손에 드는 성서와 예배서의 제본은 숙련된 제본사들에게 맡겨야 한다. 그러한 중요한 물품들은 우리가 예배에서 하는 행동들의 가치를 반영해야 한다. 우리는 페이퍼백 paperback[•]으로 만든 성서를 읽을 때, 진정으로 주의를 기울이지 않는 모습을 보여주기도 한다.

기증품들

교회당을 신축하거나 개축할 때, 대부분의 교회들은 건물에 필요한 물품들을 위해 다양한 목록의 기증품들을 요청한다. 이것은 비록 건축 자금을 모으는 데는 성공적일지라도, 위험한 일이다. 첫째로, 그것은 교회를 세일즈맨의 위치로 전락시키고, 사람들은 기증품들을 직접 사서 교회에 기증하게 되므로, 비록 똑같이 교회에 필요하고 똑같은 값이라도 가장 눈에 잘 띄는

[•] 종이 한 장으로 표지를 장정하여, 싸고 간편하게 만든 책.

물품을 구입하여 기증하려 할 것이다.

둘째로, 교회는 필요하거나 원하지 않는 것을 받게 될 것이다. 그러나 기증하는 사람들은 통상적으로 자신이 기증한 물품이 정기적으로 사용되어야 한다고 주장한다. 대부분의 공동체는 차임벨이 필요하지 않다. 그러나 그것을 헌납한 기증자는 십중팔구 그것을 교회 앞의 잘 보이는 곳에 두고 매주 사용해야 한다고 생각한다. 그러한 물건들은 자주 기증자 가족이 세상을 떠나거나 도시를 떠난 후에도 오래도록 남아 있다. 교회는 더는 필요하지 않은 그 물건에 계속 얽매여 있기 쉽다. 모든 교회에는 기증품들을 다루는 위원회가 있어야 한다. 그리고 그 위원회는 원하지 않는 물건에 대해서는 "아니요"라고 말할 수 있는 권한과 용기를 가지고 있어야 한다. 위원회는 돈이 마련되면 구입할 수 있도록 우선적으로 필요한 물건들의 목록을 만들어야 한다. 그리고 예를 들어 어떤 사람이 성서와 관련하여 기증을 하고자 한다면, 교회는 그가 그 특정한 물품을 기증한 것이 아니라 그에 필요한 돈을 헌금한 것으로 하여, 교회가 그 성서를 다른 번역본으로 바꾸더라도 기분 상하지 않도록 주의해야 한다. 만일 기증에 관한 정책을 발표했음에도 불구하고 어떤 물품이 기증되었다면, 기념 명판에 이를 새겨 넣지 않도록 주의해야 한다. 기증자들을 기리는 가장 좋은 방법은 현관홀에 비치되는 기념책자에 기증자의 이름을 기록하는 것이다.

어떤 물품들은 피해야 한다. 국기나 교단 상징물들은 기독교 예배에서 차지할 자리가 없다. 우리는 지역의 신이 아닌, 우주적인 하나님을 선언한다. 국기는 지역적이고 분열적이며, 그리고 원래 전투에 가지고 나가는 표지들이었다. 우리는 때때로 우리의 국가적 의제가 하나님의 뜻이 아님을 배운다. 국기는 다양한 애국 단체와 군대들이 맡아야 할 물품이다. 교단 깃발이나 상징도 당파적이고 분열적인 것으로, 교회 내부에 적합하지 않다. 이들을 외부에 둔다면 그 건물을 식별하게 해주는 유용한 기능을 수행할 것이다. 진정한 상징은 예배를 위해 모인 공동체 그 자체다. 그리고 그 상징은 그 공동체가 로마 가톨릭이나 장로교 또는 미연합감리교에 속하는지를 생각하게 할 필요가 없다.

또 모든 기증품을 주의 깊게 살펴보아야 한다. 이 물건이 정말로 우리가 원하는 것인가? 우리는 그것을 사용해야 한다고 느끼는가? 만일 그렇다면, 그것이 카탈로그에서 주문한 것이 아닌, 건축가가 디자인한 것인지를 살펴보라. 건축가는 어떤 기증품이 예배 공간의 다른 부분들과 어떻게 관계를 맺게 할지를 알 것이다. 기증하는 사람이 직접 물품을 만들었다 하더라도, 전문가의 세밀한 조사를 받아 부적합하다면 정중하게 거절할 수 있어야 한다.

마지막으로, 많은 물품을 적절히 처분해야 한다. 교회당 개축에서 가장 큰 장애물 중 하나는 이미 이전부터 그 자리에 있던 것들이다. 많은 교회들이 남는 기증품들을 보관할 기념실이나 홀을 만들어 이 문제를 해결해왔다. 대부분의 가족은 한 번 사용되고 다음 기회를 위해 보관되어야 할 물품을 둘 서랍장이나 벽장을 가지고 있다. 그 물품들로 방이나 복도의 벽을 아름답게 꾸밀 수도 있다. 새 건물에 적합하지 못한 옛 스테인드글라스를 복도에 정렬해놓으면 상당한 흥미를 일으킬 수 있다. 이렇게 옛것이 새것—아마도 더 좋은 것이라기보다는, 우리가 알기에 우리 시대와 장소에서 드리는 기독교 예배에 더 적합한 것—에 자리를 양보해야 한다.

교회건축과 예배 공간

10

참고할 자료들

교단 자료

    신축이나 개축을 계획하는 교회는 교단 본부가 제공해줄 출판물과 자문 서비스, 절차에 대한 조언을 얻기 위해 즉시 교단 본부와 접촉해야 한다. 어떤 경우에는 지역 수준(교구, 노회, 연회 등)에서 도움을 받을 수 있고, 또 다른 경우에는 예배, 교회 확장, 국내 사역, 선교 등의 영역에서 일하는 국내 담당자들의 도움을 얻을 수 있다. 교단이 따르는 절차를 설명하고 회중 안팎의 역할과 책임을 보여주는 출판물들을 주변에서 발견할 수 있을 것이다. 또한 무료이거나 저렴한 출판물이나 다른 시각 자료들도 있을 것이다. 이 정보의 출처들은 일반적으로 현재 통용되고 있는 것들이며 당연한 이야기지만 자문과 세심한 주의를 거쳐 사용해야 할 것이다.

정기 간행물

현재 교회건축을 독점적으로 다루는 영어 정기 간행물로는 다음 세 가지가 있다.

Cutting Edge: the Board of Church Extension of Disciples of Christ가 계간으로 발행한다. 이 잡지는 the Christian Church(Disciples of Christ) 소속 교회와 단체들을 위한 시설 계획과 재정 확보의 다양한 측면에 관한 일련의 기사들을 담고 있다. 다른 교단의 회원들도 유용한 기사들을 찾아볼 수 있을 것이다.

Faith & Form: the Interfaith Forum on Region, Art, and Architecture가 연 2회 발행한다. 이 잡지는 탁월한 기사들과 교회 건물 및 예배 예술 사진들을 포함한 최신 정보를 제공한다. 국가에서 시행하는 건축설계공모전에서 수상한 교회 건물들과 조형물들이 상당수 소개되었고, 최근의 교회건축 책들에 대한 논평이 실린다.

Art & Environment Newsletter: 시카고의 Liturgy Training
    Publications에서 발행한다. 로마 가톨릭의 정기 간행물이
    며, 종종 다른 교단의 교회들에게도 유용하다.

또한 다음의 책도 참고하라.

Liturgical Art Quarterly: 1931년부터 1972년까지 이 잡지는
    예배 예술에 관한 세계적인 정기 간행물이었다. 건축을 다
    룬 많은 기사들과 사진들이 여전히 가치 있다.

───────
책

여기 열거한 책들은 오늘날 교회 건물에 대해 책임 있는 사람
들에게 유익한 엄선된 책들이다. 이 목록은 주로 동시대 건물들
의 사진들을 수집한 책들이나 완전히 역사적 범주 안에 있는 책
들은 포함하지 않았다. 여기에 있는 간단한 소개들은 각 책의 뚜
렷이 구별되는 특징들을 밝힌 것일 뿐이다. 1998년에 절판 상태
가 아닌 책들은 별표로 구별해놓았고, 다른 책들은 도서관에서
찾아볼 수 있을 것이다. 모든 책들은 지난 25년 동안 예배의 변

화에 대한 건축적 해결책들을 반영하는 것들로 선정된 것이다.

*Bishop' Committee on Liturgy. *Environment and Art in Catholic Worship*. Washington: United States Catholic Conference Publications Office, 1978. 제목에도 불구하고, 교회건축과 관련된 모든 사람이 읽고서 주의 깊게 삽화들을 검토해야 한다. 다른 삽화들을 실은 개정판(1986)은 Liturgy Training Publications에서 주문할 수 있다.

Brown, Bill, ed. *Building and Renovation Kit for Places of Catholic Worship*. Chicago: Liturgy Training Publications, 1982. 이 책은 건축위원회를 위한 다양한 주교 관구의 출판물들 중에서 가장 완벽하며, 개론, 과정, 도구들, 자원들, 지침들을 포함한다. 다른 자료들은 Portland, Maine(1965), Albany(1970), Louisville(1977), Seattle(1981), Green Bay(1982), Brooklyn(n.d.), Cincinnati(n.d.), Buffalo(1986) 같은 주교 관구에 의해 출판되었다.

Brugginck, Donald J., and Droppers, Carl H. *Christ and Architecture: Building Presbyterian/Reformed Churches*.

교회건축과 예배 공간

Grand Rapids: Eerdmans Publishing Co., 1965. 개혁주의 예배를 위한 건물의 주의 깊은 역사적·신학적 연구에 기초한 결정적 연구로, 신학자와 건축가가 썼으며 풍부한 삽화를 포함한 책이다.

_____. *When Faith Takes Form*. Grand Rapid: Eerdmans Publishing Co., 1971. 다수의 탁월한 최근의 교회 건물들을 통해 교회건축의 원리들을 해설했다. 독자는 각각의 건물에 관하여 신학자와 건축가 사이의 대화들을 엿들을 수 있다.

Cope, Gilbert, ed. *Making the Building Serve the Liturgy: Studies in the Re-ordering of Churches*. London: A. R. Mowbray & Co., 1962. 성공회 교회들을 변화하는 예배의 실천에 적합하게 만들기 위해 필수적인 재배열에 관해 토론하는 일련의 에세이들을 담고 있다.

Dahinden, Justus. *New Trends in Church Architecture*. New York: Universe Books, 1967. 탁월한 스위스 건축가가 유럽과 아프리카의 새로운 교회들의 최근 발전들에 관해 소개하며 그의 견해를 밝혀두었다.

Davies, J. G. *The Architectural Setting of Baptism*. London: Barrie & Rockliff, 1962. 세례반, 침례조, 그리고 그 배열에 관한 역사적 연구다. 수세기에 걸쳐 발전된 문제들과 해법들에 기초하여 현재의 결정들을 내리도록 도움을 준다.

Debuyst, Frederic. *Modern Architecture and Christian Celebration*. Richmond: John Nox Press, 1968. 제2차 바티칸 공의회 이후의 건축의 목표들에 대하여 벨기에 수도사가 간단한 고전적 진술을 내놓는다.

Hammond, Peter. *Liturgy and Architecture*. New York: Columbia University Press, 1961. 제2차 바티칸 공의회 이전의 전례적 건축의 발전을 설명하고, 그 뒤를 이은 여러 경향들을 보여주는 선구적인 책이다.

_____, ed. *Toward a Church Architecture*. London: Architectural Press, 1962. 그 후 20년 내에 일어나려고 하는 개혁들의 모습을 개괄한 일련의 중요한 에세이들을 담고 있다.

Hayes, Bartlett. *Tradition Becomes Innovation: Modern Religious Architecture in America*. New York: Pilgrim Press, 1983. 미국의 새로운 교회 건물과 예배 예술에 대한 가장 최근의 도해를 포함한 연구다. 모든 신앙 전통들로부터의 훌륭한 실례들을 포함하고 있다.

Hickman, Hoyt L. *A Primer for Church Worship*. Nashville: Abingdon Press, 1984. 평신도 청중을 위해 쓴 기독교 예배의 단순한 개론적 연구다. 회중의 연구를 위한 훌륭한 출발점이다.

Lockett, William, ed. *The Modern Architectural Setting of the Liturgy*. London: S.P.C.K., 1964. 건축 용어들로 이루어진 현대 예배의 요구들의 표현과 관련되는 다양한 전통들로부터의 에세이들을 수집했다.

Lynn, Edwin C. *Tired Dragons: Adapting Church Architecture to Changing Needs*. Boston: Beacon Press, 1972. 건축가이기도 한 개신교 목사가 쓴 교회 건물의 모든 측면을 아우른 책이다. 옛 건물을 개축할 때 만나는 문제들을 종합

적으로 다룬다.

Meeting House Essays (Chicago: Liturgy Training Publications, 1990-1996).

Ⅰ. Laurence A. Hoffman. *Sacred Places and Pilgrimage of Life*

Ⅱ. *Acoustics for Liturgy*

Ⅲ. Peter E. Smith. *Cherubim of Gold: Building materials and Aesthetics*

Ⅳ. John Buscemi. *Places for Devotion*

Ⅴ. Michael E. DeSanctis. *Renewing the City of God: the Reform of Catholic Architecture in the United States.*

Ⅵ. Michael Jones-Frank. *Iconography and Liturgy*

Ⅶ. Viggo Bech Rambusch. *Lighting the Liturgy.*

Ⅷ. Richard S. Vosko. *Designing Future Worship Spaces.*
대부분의 그리스도인들에게 의미 있는 주제에 관한 소책자 시리즈다.

New Churches Research Group. *Church Buildings: A Guide to Planning and Design.* London: Architects' Journal Information Library, 1967. 영국의 주요 종교 단

체들의 예배를 위한 디자인 관련 요구 사항들과 치수들을 제공하는 일련의 글을 담고 있다.

Sövik, Edward A. *Architecture for Worship*. Minneapolis: Augusburg Publishing House, 1973. 융통성 있는 교회 공간(centrum)과 모이는 공간(concourse)을 분명히 선호하는 탁월한 건축가에 의한 훌륭한 일반적 논의가 담겨 있다.

United States Catholic Conference. *The Environment for Worship: A Reader*. Washington: United States Catholic Conference Publications Office, 1980. 교회건축과 개축을 위해 기본적으로 고려해야 할 점들을 다룬 훌륭한 기사들의 모음이다.

Vosko, Richard. *Through the Eye of a Rose Window: A Perspective on the Environment for Worship*. Saratoga, Calif.: Resource Publications, 1981. 인테리어 디자이너이며 교육자인 한 사제가 간추린, 그리고 읽기 쉬운 형태로 표현된, 로마 가톨릭 예배를 위한 요구들에 대한 최근 보고서다.

*White, James F. *Introduction to Christian Worship*. Revised Edition. Nashville: Abingdon Press, 1990. 주요 서방교회들에서 실천되는 기독교 예배에 대한 일반적 소개서로, 역사적·신학적·실천적으로 그 주제에 대한 기본적인 관련 사항들을 다룬다. 많은 배경 자료들을 제공한다.

*_____. *Christian Worship in North America, A Retrospective: 1955-1995*. Collegeville: Liturgical Press, 1997. 교회건축에 관한 몇 개의 기사들, 특히 예배와 관련하여 개신교 건물의 역사를 논하는 글들을 포함한다.

* White, Susan J. *Art, Architecture, and Liturgical Reform*. New York: Pueblo, 1990. 기독교 예배를 위한 환경의 형태에 미친 예전운동(전례운동)의 영향에 관한 연구.

*_____. *Groundwork of Christian Worship*. London: Epworth Press, 1977. "그리스도인들은 왜 그렇게 예배하는가?"라는 질문에 대답하기 위한 시도로, 기독교 예배의 문제들과 그 가능성들에 대한 기본적인 입문서다.

1. *An Apology for the True Christian Divinity* (Manchester: William Irvin, 1869), p. 240.

2. Edward Sövik, *Architecture for Worship* (Minneapolis: Augsburg Press, 1973), p. 71.

3. 이러한 역사적 발전에 대한 상세한 묘사에 관해서는 James F. White, *Protestant Worship and Church Architecture* (New York: Oxford University Press, 1964), chaps. 4, 5을 보라. 좀더 간략한 설명으로는 White, *Introduction to Christian Worship*, Revised Edition (Nashville: Abingdon Press, 1990), chap. 3을 보라. 『기독교 예배학 입문』(예배와설교 아카데미 역간).

4. Edward Sövik의 *Accessible Church Buildings* (New York: Pilgrim Press, 1981)는 절판되었지만, 도서관에서 찾아볼 수 있을 것이고, 아마도 Pilgrim Press에서 구입할 수 있을 것이다. Jerry Ellis의 글인 "Architectural Barriers," in *Study and Plans Committee Workbook*은 the Board of Church Extension에서 구할 수 있을 것이다.

찾아보기

교회건축과 예배 공간

옮긴이의 말

제임스 화이트 교수와 수잔 화이트 교수가 저술한 이 책을 한국어로 번역하여 출판하게 된 것을 무한한 기쁨으로 생각합니다. 이 땅에 수많은 교회들이 지어졌지만 그동안 신학계와 건축계에서 공통적으로 안고 있던 고민은 교회건축에서 고려해야 할 중요한 사안들에 대하여 마땅히 참고할 만한 훌륭한 참고서가 부재했다는 것입니다. 그래서 종종 우리는 "무분별한 건축" 혹은 "신학 없는 예배 공간"이라는 교회건축에 대한 비판을 인지하면서도 무엇이 신학적으로 또한 건축학적으로 적절한지에 대한 명쾌한 대답을 내놓는 일에 서툴렀던 것이 사실입니다. 이 책은 그러한 어려움을 해소시켜줄 기본적이면서도 중요한 내용들을 담은 교회건축과 예배 공간에 대한 훌륭한 안내서입니다.

이 책은 멋진 화보집이 아니고 심각한 신학이론서도 아닙니다. 이 책은 비교적 얇고 간단해 보이지만 깊은 신학적 사색과 건축에 대한 전문적 안목을 갖춘, 그러면서도 목회자, 건축가, 평신도가 모두 어렵지 않게 읽을 수 있는 보편성까지 보유한 보기 드문 수작입니다. 무엇보다도 저자들이 교회를 하나의 기념비적 건축물이 아닌 예배를 위한 공동체의 실용적인 공간으로 이해했다는 점이 참으로 인상적이고 고무적입니다. 저자들은 교회를 멋이나 규모와 같은 기준에서 바라보지 않습니다. 어떻게 '예배'를 위해 설계하고 건축하며 사용할 것인가를 중요시합니다. 따라서 예배만큼이나 다양한 교회건축과 예배 공간의 현상을 객관적인 시각에서 분석하고 평가하고 있습니다. 이 책을 통해 목회자, 건축가, 그리고 건축위원회에 속한 이들이 교회의 신축이나 개축, 혹은 내부의 리모델링에 이르기까지 광범위하면서도 실용적인 도움을 받을 수 있을 것이라 기대합니다. 나아가 예배를 준비하고 진행하는 일선의 예배자들은 예배 공간의 이해와 실제 사용에 대한 풍부한 지혜를 얻을 수 있을 것입니다.

간혹 등장하는 전문적인 신학적 표현이나 건축 용어의 경우 각주로 달려 있는 옮긴이 주를 통해 설명했고 한글로 '찾아보기'를 만들어 독자들의 독서에 도움을 주고자 했습니다. 이따금 저자가 살았던 시대적 배경 탓에 현대 교회건축에 어울리지 않는 부분도 있지만 시대를 뛰어넘는 저자의 열정과 전문성을 고려하면 크게 문제 삼을 내용들은 없을 것입니다.

이 책을 번역한 우리는 교회건축문화연구모임을 통해 만났습니다. 번역을 담당한 건축가(정시춘)와 신학자(안덕원)가 진지한 대화를 통해 독자들에게 교회건축과 예배 공간에 대한 중요한 이해를 공유하고자 노력했습니다. 이 책의 출판을 위해 도움을 주신 모든 분들에게 감사드리며 모쪼록 이 책이 하나님의 백성이 예배하는 아름다운 교회를 만드는 여정에서 의미 있는 발걸음이 되기를 기대하며 기도합니다.

2013년 11월 1일

정시춘, 안덕원

교회건축과 예배 공간
◆ 신학과 건축의 만남

Copyright ⓒ 새물결플러스 2014

1쇄발행_ 2014년 1월 27일

지은이_ 제임스 화이트·수잔 화이트
옮긴이_ 정시춘·안덕원
펴낸이_ 김요한
펴낸곳_ 새물결플러스
편   집_ 정모세·정인철·최율리·유가일·한재구·박규준
디자인_ 이혜린
마케팅_ 이성진
총   무_ 김명화

홈페이지 www.hwpbooks.com
이메일 hwpbooks@hwpbooks.com
출판등록 2008년 8월 21일 제2008-24호
주소 (우) 158-718 서울특별시 양천구 목1동 923-14 현대드림타워 1401호
전화 02) 2652-3161
팩스 02) 2652-3191

ISBN 978-89-94752-59-4   03230

책값은 뒤표지에 있습니다.

이 도서의 국립중앙도서관 출판시도서목록(CIP)은 서지정보유통지원시스템 홈페이지
(http://seoji.nl.go.kr)와 국가자료공동목록시스템(http://www.nl.go.kr/kolisnet)에서
이용하실 수 있습니다.(CIP제어번호: CIP2013028828)